お前より私のほうが繊細だぞ！

光浦靖子

お前より
私のほうが
繊細だぞ！

はじめに

これは雑誌『TV Bros.』に連載している「脈アリ？ 脈ナシ？ 傷なめクラブ」の2010年1月〜2013年9月をまとめたものです。

読んでみて思いました。全ての悩みは「お前より私のほうが繊細だぞ」からきてんだな、と。「繊細」とは、都合の良い言葉です。感性が豊かで、細やかで、傷つきやすくて、だからこんなに自分はお前とは違って悩んでるんだぞ、と肯定できますから。お前みたいに雑じゃないから、気づいちゃうんだよ。考えちゃうんだよ。心を痛めちゃうんだよ。器が小さいんじゃなく、繊細なんだと。

そんな読者の悩みに、輪をかけて「お前より私のほうが、もっともっと繊細だぞ」という態度で私は答えています。なんという女でしょう。ただ、けっこう面白かったです。自分のメンタルが落ちまくってる時期、落ち着いた時期、浮かれまくってる時期、手にとるようにわかって。ダメな人間が、それなりに一生懸命生きてんな、そんな感想をもっていただけたら、これ幸いです。

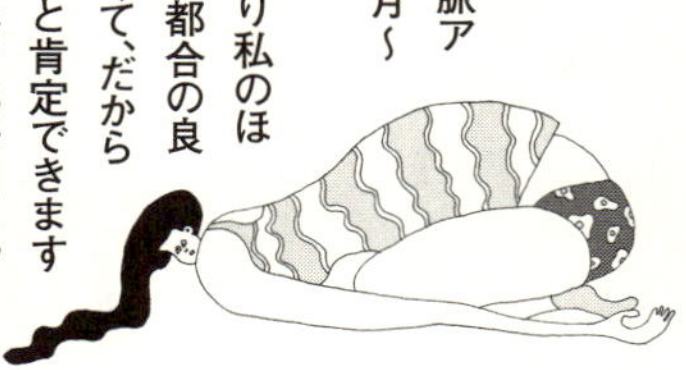

目次

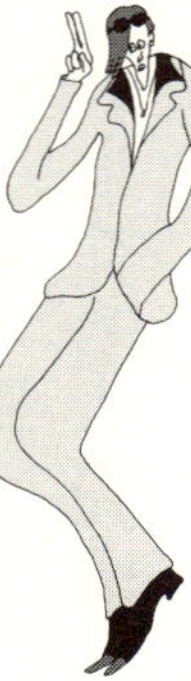

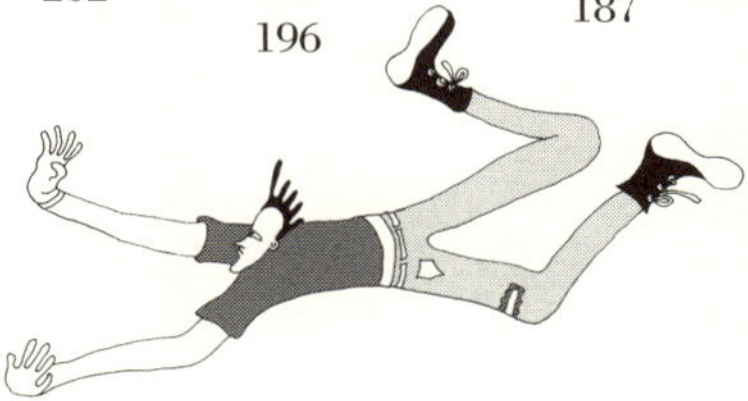

プライドが高くて悩めるアナタへ

エキセントリックな女の子

運命を感じている子と念願のデートをすることができたのですが、ちょっとエキセントリックな子で、まだ彼女とは手すらつないでもないのに、いきなり彼女の家で〝ちんたく（チンコ版魚拓）〟をとられました。単にとられただけです。この後、この子とはどう発展していけばいいのでしょうか？

（もぐら・30歳メーカー・男）

〝ちんたく〟からいろいろ見えてきます

うーん、なんだかコンプレックスのにおいがぷんぷんするわ、その子から。その子ぶっちゃけ、ブスでしょ？　これね、難しいんでよく聞いてね。その子のしぐさ、喋り方、言葉選び、ファッションの可愛らしさに比べたら、その子自身はそんなに可愛くないでしょう？ってことよ。やりたい方向より実際がブスってことよ。その子、明るいことばっかり言ってるのに、なんとも悲しさが伝わってきたりしない？

　私の周りにもいましたよ、そういう子。なりたい自分と、実際の自分がうまいこと釣り合いがとれなくて、なんか変なキャラクターになってってっちゃった子。あっちゃこっちゃぶつかって、最終的には語尾に「ござるよ」を付けるようになっちゃったわ。アナタの好きな子は、可愛い子に生まれたかったんだね。可愛くて、何か人より突出した才能があって、そして、その可愛さと才能に全く無自覚な子になりたかったんだね。だからの、ちんたくなんだね。

　アナタは、彼女をとにかく可愛いと褒めてあげればいいと思います。そして、やることなすこと感心してあげてください。いや、その発想なかったわ。マジでカルチャーショックだわ。昔からそんな感じ？　人に合わせるの苦手でしょ？　笑うとこ人とズレるタイプでしょ？　いやぁ、マジ、パンクだわぁ、面白いわぁ……。とか。

　で、次に家に連れ込まれたときは、遠慮せずにアナタから攻めてください。抱くっつーか、抱きにかかるっつーことですよ。大丈夫です。ちんたくをとるくらいです。ちんぽこに興津々です。なんなら大好きです。でも、いやらしいと思われるのが嫌なんです。男に対していやらしいことを考える普通の女になるのが嫌なんです。あの、噂の、ザ、男根を目の前にしても「なに？（きょとーん）」としていられる、真っ白々な、少女のような自分が好きなんです。でも、普通にエロいんです。ちんぽこ見たくてしょうがないんです。だからのちんたくなんです。エキセントリックと呼ばれたいんです。天才肌に見られたいんです。でも、普通にエロいだけなんです。だからのちんたくなんです！　だから気持ち悪いんですっ！

性欲を押し殺しているブスな女は気持ち悪いです。私も気持ち悪いだろうか？　世間にバレていないだろうか？

心配です。

誰もいないときのボケ

今朝、シャワーを浴びるとき、頭にボディソープをかけてしまい、仕方なく体をリンスしました。こういった場合の正解がわからず悩んでます。誰もいないのにボケてしまったときの正しい処理方法をぜひ教えてください。

（回覧板を止めてるのは林だ・39歳会社員・男）

私はアナタのように今は明るくなれません

たかがシャンプーとボディソープを間違えたくらいのことを、いちいち「ボケてしまった」と、面倒くさがらず楽しく捉える。なんて明るい人なんでしょう。じゃ、また一人でボケてしまったら「なにしてんねん！」と自分の胸を叩き、「つーか、自分でツッコんでどーすんねん」とまた叩き、「あ〜寂しい、寂しい、一人ぼっちの独身貴族。なんだいエドワード、じゃじゃ馬娘から落馬でもしたのかい？　って誰にゆうてんねんっ！　一人遊び〜」って、なんかポーズを決めたらいいと思います。こんなもんで十分でしょう。

実は私、アナタのように明るく楽しくしていられないのです。私の生きがいでもあった『週刊こどもニュース』が急に終わってしまうことになったんです。理由はわかりません。数字も評判も悪くないそうです。17年も続いた番組です。なんで？

私は、お母さん役をいただく前からこの番組のファンでした。先代お母さん、はしのえみちゃんの頃は毎週録画して観ておりました。先代お母さんと先代のお子さんたちが卒業し、私と今の子供たちが岩本家（現在のお父さん、岩本さん）に入ったのです。いわば再婚相手とその連れ子です。

えみちゃんのように可愛くもない、頑張り屋さんでもない、そんな私を受け入れてくれるだろうか、と不安でいっぱいでした。が、お父さんは普通に私のことを「お母さん」と呼んでくれました。模型を動かすのを手伝えば「お母さん、ありがとう」と言ってくれました。休憩中、ニュースについて質問をすれば、オンエアできないところまで答えてくれました。

子供たちとは『ワンピース』と『ガラスの仮面』の話ですぐに仲良くなりました。「エース死ぬよ」と言われたときは「なんで先に言うんだよ！」と本気で怒りました。子供にちょっとした自慢や、羽振りのいい話をすると「お母さんいいなぁ〜。ずる〜い」と、いちいち反応してくれました。疑似家族です。

でもね……。疑似でも、家族ってあったかいんです。私のねじ曲がった心が、ちょっと伸びるんです。そして、この子たちのために頑張ろう、なんて、疑似なんだけど、明日起きる理由になったりするんです。

今年のクリスマスには、家族にお揃いのスリッパをプレゼントしようと思っていました。クリスマスを……むか……える……ま……え……ううっ……。

マジな話、お母さん役は私じゃなくても、こんな素晴らしい番組を終わらせないで欲しいです。一ファンとして。新聞嫌いとして。

社交辞令が苦手

冠婚葬祭など親戚が集まる場が苦手です。社交辞令的な会話が苦手でどうして良いかわかりません。おいしくもない食べ物をわざとちびちび食べ、行きたくもないトイレに頻繁に行き、時間が経つのをひたすら待ちます。一体大人としてどのような態度で振る舞うのが理想的なのでしょうか？　（キヨ・32歳主婦・女）

親戚は、あなたのチームメイトですよ

冠婚葬祭は難しいもんです。私も東京に出てから初のお通夜で、いわゆるお通夜デビューで、失敗しました。友人のお母さんが亡くなったんですね。で、出席したんです。そこんち、真面目な家系なんですかねぇ？　それとも、それが社交辞令なんですかねぇ？　親戚の方々が丁寧に挨拶してくれるんです。「いつもテレビ拝見してます。本当にお忙しいところありがとうございます」と。本当に会う人会う人全員が「お忙しいところすいません」「本当に

お忙しいでしょう？　すいません」「お忙しいところありがとうございます」とくるわけですよ。ぶっちゃけ、そんなに仕事忙しくないし、そんなに頭下げられても……なわけですよ。

十数人の「お忙しいでしょう？」を潜り抜けた後、友人のお父さんに辿《たど》り着きました。「これは、これは。いつもテレビで応援しております。お忙しい中、まことに申し訳ありません」と深々頭を下げるんです。真面目そうなお父さんが、完全に疲れ切った顔で。もう、私なんぞに頭を下げないで。お父さん、これ以上疲れないで。とにかく気を遣わせたくない、と思ったんです。で、とっさに出た言葉が「ああ、全然、忙しくないっすよ。今日も暇だったから。仕事入ってたらこんな、来れませんよ」。暇つぶしに来ました、な形になってしまいました。

悪いことしたなぁ……と思っています。

最近、親戚のおじさんが亡くなって、お通夜に出ました。ぶっちゃけ、楽しかったです。顔も知らない、名前も知らない親戚がいっぱいいて、「写真撮ってくれ、写真撮ってくれ」と撮影会みたいになり、その間に、お寿司は干からびましたが、なんか楽しかったです。ああ、これが血か、と初めて思いました。なんか楽、なんか味方がいっぱいいるみたいで。

アナタはまだ若いのかなぁ……。死を意識したことがないのかなぁ？　自分だけは別、選ばれた人間、なんて思う最後の年頃なんでしょうかねぇ？　なんか親戚が集まると、ああ、自分はバトンを渡すだけの入れ物に過ぎないんだなぁ、これが私のチームメイトかって思うようになりますよ。遠く、遠くから見たら一緒って。一回、諦めてみてください。同じ血、同じ能力なんです。アナタだけが優れてはいませんよ。葬式に出てくる料理の味つけはどれもこれもやたら甘いです。でもそれは甘いのであって、まずいのではありませんよ。甘いのです。

感動作に感動できない

よくテレビや雑誌などで「名作」と言われる小説を読んだり、映画を観るのですが、ちっとも面白くありません。感動作と言われても感動しないし、ドキドキのサスペンスと言われてもドキドキしません。僕はおかしいでしょうか？

（ヘアサロン・29歳理容師・男）

悪口は名作を面白くするスパイスです

アナタはおかしくないです。が、その前に……。

以前、人からおすすめされた映画のタイトルを忘れて、なんとなく記憶に残ってたキーワードをPCにぶち込みながら調べたことあるんですよ。そしたら、そのタイトルが見つかったのはいいんですが、その映画の素人批評みたいなサイトを見ちゃったんですね。匿名の批評ってのは読むとだいたい嫌な気持ちになるので、読まないんですよ。それを魔が差したのか、ついつい……。

見ると、「意味がわかりません」の連発なんですね。「なんであそこで主人公が〇〇するのか、監督の自己満なんでしょうか、全く意味がわかりません」とか「あのオチはどうなんでしょう？　意味がわかりません」とか「〇〇の演技自体、意味わかりません」とか。そこは褒めてもいいサイトなんですよ。なのに、どこぞの一場面を抜き出してお尻に「意味がわかりません」付けて勝ち、みたいなノリなんですよ。「この程度じゃ私のお眼鏡にはかないませんよ」みたいな。

どっから目線だよっつー、お客様は神様にもほどがあるんですね。なんですの？　映画も観てませんし、その批評を書いた人のことなど全く知りませんけど、『意味わかんねー』は、相手より優位に立っているのではなくて、自分は想像力と理解力が足りないバカですと告白しているということに、なぜ気づかないんです？」と、新聞投稿する年寄りみたいに腹を立ててしまい、頭がくらっとして、下痢をしてしまいました。なんか、嫌な仕事をした後、ブーブー文句をたれているところをスタッフに見られて、「やべえ言いすぎた、この現場には二度と呼ばれないんだろうな……」と家に帰って反省するときと同じ症状が出ました。

そんな下痢までして、その映画を観てみたら……。なんて、面白いこと、面白いこと。その批評のおかげで、ずいぶん期待値を下げられたでしょ？　意地でもいいとこ見つけてやるって気持ちにもなってたでしょ？　なんか125パー観られました。なんかとてもいい集中ができました。

というわけで、「名作」の悪口ばかりを読んでから観ると、少し面白くなりますよ。だってアタシたちは日本人だもの。判官贔屓《ほうがんびいき》はお得意だもの。

ただ、私も「名作」は苦手ですけどね。白黒映画は、白黒という時点で眠くなります。よく見えないっしょ。これは内容とかじゃないからね……しょうがないよね。

動物園が楽しめない

この前、動物園に行ったのですが、とてもつまらなかったです。一緒に行った友人は「かわいい」とか言ってキャーキャーはしゃいでいたのですが、私は「臭い」「あんま見えない」くらいしか思えませんでした。動物は好きですが、テレビで十分です。どうしたら動物園を楽しめますか？

（ｔｏｍｍｙ・34歳アパレル・女）

動物園を楽しむには欲求不満になりなさい

それはね、きっと、アナタが十分潤っているからですよ。旦那がいるのかな？　彼氏がいるのかな？　または最近まで彼氏がいたのかな？　ま、下品な言い方をすれば、抱かれているからですよ。

私はここ最近、異常に子供と動物が好きです。道を歩いてても目は常に赤ちゃんか犬を探しています。電車の中で赤ちゃんを見つけると、親がどっか向いた隙《すき》に「おでかけでちゅかぁ？　あちゅいでちゅねぇ」と小声で話しかけています。スーパーの前でご主人の買い物待ちをしている犬がいれば「あらら一人で寂しくないですか？　ご苦労様ですね」と話しかけます。とにかく、ぎゅっとしたい、ぎゅっとしたい、ぎゅっとしたい！　胸にぎゅっと抱きしめたい。異常です。これを私は母性だと思っていました。母性が十分熟したのに行き場がない。だから、私はこうなんだ、と。体は産みたがってるんだと。だからペットショップの店員に「アイツまた来たぞ」という顔をちらっとされても、へこたれずにちょいちょい子犬と子猫を見にゆくんだと。

　こんな話をある番組で言ったら、ある方に「それは違うよ」と言われました。「欲求不満なだけだよ」と。「人間はさ、スキンシップを求める動物なのよ。皮膚（粘膜）の接触ほど気持ちいいものはないじゃない？　でもそれを大っぴらにできないじゃない？　特にアナタのような性格は。そんな自分認めたくないでしょ？　だから、大っぴらにしても恥ずかしくない、子供や動物に置き換えて正当化してるだけなのよ。ごまかしてるだけなのよ。皮膚接触したいだけなのよ」

　目から鱗《うろこ》が落ちました。なるほど。その通りだと思いました。とにかくぎゅっとしたい、見てるだけで興奮する、楽しい……そうか、欲求不満なのかぁ。

アナタもね、長いこと人に触れなきゃいいんですよ。そしたら、ああぎゅっとしたい、ぎゅっとしたいってなりますから。そしたら、動物大好きになりますから。

チュートリアルの番組で、動物園にロケに行ったことがあります。いろんな動物を見放題、触り放題、ちょー楽しかったです。でも、一番印象に残っているのは、動物を「汚い」とも「臭い」とも言わず、笑顔でガンガン触れ合っている徳井君でした。彼の横顔を見ながら「……素敵だな」、そう思いました。どの動物より、観察しました。どの動物より、ぶっちゃけ……………これ以上は言えません。

「何歳に見える？」の返し方

初めて出会った女性に「何歳に見える？」と聞かれると、いつも戸惑ってしまいます。一応、25以下だろうと思ったときは、そのまま思った年齢を、26～30までは2歳引いた年齢を……って、もう正直うんざりです！　聞いてきた女を黙らせる、何か斬新な返し方ってないでしょうか？

（檀家でシェー・29歳職業不詳・男）

何歳に見られたいんだい？「だい？」をお忘れなく

質問には質問返しが一番でしょう。「何歳に見られたいんだい？」これで良いと思います。多分、相手の女性は「はい？」となるでしょうね。ちょっと不快感寄りの「はい？」に。だって質問してるのに、質問してくるんですから。それに語尾の「だい？」って。どっから目線なんだよ、と思いますからね。

女性の「いくつに見える？」って質問の裏には、「アナタの返答いかんでは、私、アナタへの接し方、考えますよ」みたいなメッセージが込められてるでしょ。あれはいかんです。なんで、質問1個で優位に立っちゃうの？「女性に歳を聞くのは失礼」を逆手に取った巧妙なトラップです。上に答えりゃ「失礼ね」とキレるし、ぴたりと当てても「あたしって相応な感じ？無難？想定内の女？失礼ね」とキレるし、なんなら下に答えても「そんなに幼く見える？そんなに魅力ない？」ってキレること可能ですからね。そんなずるい女たちのトラップに自ら引っかかりにゆくことはないです。避けてください。答えずに質問返ししてください。そして語尾に「だい？」を付け、こっちだって優位に立つことはできんだぞ、と、刃をちらつかせてください。

だいたいは「はい？」で会話は終わると思うんですが、それでもしつこく「何歳に見える？」と聞いてきたら、こう答えましょう。「じゃあ……しいて言うならば……今こうやって僕にしつこく質問して、僕を困らせている君は、まるで12歳の少女のようだ」と。きっと「やっ、気持ち悪っ」って逃げていきますから。そしたら、逃げていくその背中に畳み掛けてやりましょうよ。

「君が何歳だって僕は構わないよ。もっとも君が君でいられる年齢でいなよ。朝、目をこすりながら、仏頂面でずるずるとカフェオーレをすする少女のような君もきっと素敵だろうし、タイトスカートを穿《は》いて僕の目の前でものを拾う、大人っぽい君もきっと素敵だろう。でも、僕が弱っているときは、僕より年上でいて欲しい……」と。

和製リチャード・ギアで、か、米製井上順さんで。

これでも気持ち悪がらずにしつこく「何歳に見える？」と聞いてきたら、こう答えましょう。「29歳の僕は今、弱ってる。君は僕をなぐさめることができる年齢なのかい？」と。

それでも「何歳に見える？」と聞いてきたら、アナタのことが好きです。なので、抱けばいいと思います。

元妻との復縁

入籍当日に妻と大げんかして、一旦入れた籍を数時間後に「やっぱ……」ということで外してもらい、その後仲直りして結婚したんですが、やはり半年前に離婚し、ほどなく彼女ができました。でも、交際すればするほど、元妻の良さが際立ちます。また復縁しても同じことの繰り返しでしょうか？

（タスポ・35歳美容師・男）

やっぱ、やっぱの人生繰り返してません？

繰り返しますよ。だって、アナタがやっぱ、やっぱの人生を反省してないんですもん。そんな当たり前の質問より、アナタ、今の彼女のことどう思ってるんですか？　やっぱ元妻と縒《よ》り戻そうかな……ですって？　ひどい。ひどすぎる！　復縁したいって思った時点で、浮気ですからね。アナタ浮気しといて、悪いなぁ……って気持ちないんですか？

私はね、アナタみたいに浮気に罪悪感持たない人が一番嫌い。浮気で盛り上がってる、これぞ純愛だ、ああ今のパートナーさえいなければ……って、共通の敵を作って自分たちは結束する、そんな奴らが大嫌いです。高学年女子かっ！　手っ取り早くて有効な手段使っちゃって。クラス替えがあると、リーダー格の子が「〇子ちゃんのこと無視ね」って言い出して、まず地盤固めをするんだよねぇ〜。いじめ、カッコ悪い！

もうひとつ、一番嫌いなのは「彼女とうまくいってないんだ」と聞くと、ウンコにたかるハエみたいにどっかから現れて「うん、うん、わかるよ。でも、〇子も根はいい子だよ」と褒めることで自分のいい人さをアピールする女です。一番汚い女ですからね！　〇子のこと、いい子だなんてこれっぽっちも思ってませんからね。褒める自分を見て見て、私優しいでしょ、性格いいでしょ、だけですからね。「あれ？　こいつ、いい奴だな。〇子よりこういう女といるほうが幸せなのかな」と思わせたところで、〇子の彼氏寝取っちゃう〜。寝取る、かっこ悪い！

あとひとつ一番嫌いなのは、彼氏とうまくいかなくなるとまず異性に相談する女。ちょい下に見てる異性にね。あたし、弱ってるよぉ〜って、んで異性が食いつくの見て、自信回復しちゃってね。あ、彼氏とうまくいってないことを、仕事の偉い人に相談する女も一番嫌い。悩み相談を本当に上手に使うのね。もう、こないだも別の偉い人に相談して、何人目だよ、悩んでないじゃんって……しまった！　一番嫌いなものが多すぎる！

ああ～、嫌だ。自分が嫌だ。悪いことばっかり言って、みんな楽しくないよね？　自分もこんな自分嫌い。一番嫌い。もう私、ポジティブなことしか口にしない！

だから私、夢を書きます。40で親日派の外国人の彼氏ができて、41でできちゃった結婚、45で趣味の手芸屋さんを開く。50代、仕事頑張る。60代、仕事しつつ、海外で半分生活。頑張るぞ！

これ、楽しい？

腑に落ちない気持ちの整理法

ア○ソックやア○ロラ飲料等、最近CMで商品とは全く関係ないであろう変なダンスをよく見かけます。インパクトはあると思いますが、消費を促すのかギモンです。生きていく上で、イマイチ自分では腑に落ちない場合、オトナとしてどのように気持ちを整理したら良いですか？

（彼氏旦那要らない・32歳ウェイトレス・女）

私がいい気になってたら腹が立ちますか？

「アセロラのCM見たよぉ。あれ可愛いね」と会う人会う人に（女子ばかり）言われ、ちょっといい気になってる私がそんなに憎いですか？　いい気になってるブスほど、腹立つものはありません。だから、幼少期からいいことがあっても、喜ぶことはしませんでした。おかげで嬉しい、楽しい、大好き、これらの感情表現が下手になりました。そんな私が「可愛いね」に、「あは……あは……は、どうも」と、亀のように首を前にひょこひょこ出しながら、ほんのちょっとにやっとしながらお礼を言うことが、そんなに悪いことですか？　飲み会で「男ってこうすりゃ喜ぶんでしょ、はいはい、わかりましたよ」という顔で太ももを触り、胸元を見せてくる大久保さんくらい腹立ちますか？　何かイベントに誘われたら、予定もないくせに「え〜どうしよう」ととりあえず言ったり、飲み会では予定もないくせに、お開きのちょい前に帰ったり、電話を切るとき必ず相手より先にブツッと切ったり、「ブスのくせに」な大久保さんくらい、いい気になってますか？　ああ、私がいい気になってるであろう姿を想像するだけで、アナタのように人様はこんなに腹を立てるのですね。

先日、めちゃイケの現場で、有野にこう言われました。「おはようございます、ＣＭクイーン」。なので「おかげさまで。イメージばかりが良くなってます」と返事しました。18年の付き合いです。好きも嫌いもひっくるめ諦めた、な人間関係、考えずに会話をします。「お前、ＣＭ何本やってんの？」。加藤さんが話に入ってきました。「本数は少ないですよ。2本です」「もっと出てるように見えんな」「ええ、おかげさまで、イメージのいい企業ばかりなもんですから」。また何も考えずに答えました。すると、加藤さんが「●●さん（スッキリ共演者）が、お前の出てるＣＭ嫌いなんだよ。最近はどのＣＭも踊ってばっかりだって」と言いました。ん？　これは……悪口？　それともただ事実を報告しただけ？　早とちんな……。

　少し悩み、私もオトナとして、事実を報告することにしました。「ブロスの投稿にまるっきり同じようなのが来てましたよ。●●さんは、ブロス読者と同じような感性してますね」。行間を勝手に深読みできるように、少しゆっくりめに伝えました。

　アナタへ。ＣＭを見て悩むのを止め、わぁ〜、スッキリの誰と感性が一緒なんだろう？ってオトナとしてウキウキすればいい。

面白顔の人との付き合い方

会社の先輩の顔が面白いんです。大久保さんやいとうあさこさん似で、歳も40ぐらい。100％ブサイク！　ではないので、周りの誰もイジっていません。私も先輩のことは好きなんですが、目を見て話すこともままならず困ってます。面白い顔の人を傷つけず、うまく付き合う方法を教えてください。

（カン・27歳会社員・女）

私は、なんだかアナタのことが好きになれません

100パーブサイクじゃない、というアナタの上から目線のフォローもなんだかなぁ……。私はね、なんだかアナタのことが、なんだかなぁ、好きになれません。顔が面白いですって？　目も合わせられない？　何言ってんだ！

大久保さんは確かに面白い顔してますよ。でもそれは表情やシチュエーションが伴っての

ことで、普通にしてたらそんな笑うほどじゃないですよ。地味な、どこにでもいる顔ですよ。絶対に法事に一人いる顔ですよ。遠い親戚顔ですよ。現にいとうあさこという、そっくりな女がいるじゃないですか。社会科の教科書に載ってる、戦後間もなくの日本の写真には、大久保さんみたいな顔ばっかりが写ってますよ。一昔前のザラ。それを鬼の首取ったように大はしゃぎして。何してんの？

その先輩がどんなにポジティブだろうが、大久保さんに似てるという時点で、美人ではないことは確定、顔には多少のコンプレックスをお持ちのことでしょう。「私の顔見て、見てぇ」な女は、真正の美人か、バカか、読者モデルか、どれかしかいません。顔に自信のない人間は、他人がどこを見てる、何を思ってる、被害妄想をちょっとのっけて、敏感に感じ取ります。アナタが何を思っているか、先輩は感じ取っているでしょう。アナタの笑いを堪《こら》えるしぐさは、先輩のハートをグッサグサ、メッタ刺ししていることでしょう。その血しぶきが周りの人間には見えるのです。だから誰もイジらないのです。アナタの笑い声は十分な凶器なのです。

アナタはこう言い返すでしょうね。先輩のことをブサイクだとは思ってないし、好きだから、顔見ると嬉しくって笑っちゃうんだ、と。本当に好き？　ブサイクだとは思ってない？　だったら、先輩と顔をとっ換えられますか？　想像しなさい。

美人は素直、ブスはひねくれている、これは事実です。でもこれは、子供の心はキレイ、大人は汚い、と同じだと思います。大人はいろんな経験をして、悩んで、学んだ結果、あえての汚さなんです。傷つけようと思わず傷つけることと、傷つけようと思って傷つけること、どっちがタチが悪いかっつー話です。私はアナタを傷つけようと思って書いております。傷つけてるという自覚がある分、私の心は痛みます。

私の一番好きな言葉を贈ります。

(ビンタしておいて)

「叩いてる私の手も痛いんだよぉ」

気になると止まらない

僕は一度気になり出すと止められない癖があります。例えば会社でタイムカードが気になり出すと何回も確認したり……、家でも同じ場所を何回も確認したり（掃除等）……。疲れるのでやめたいが止まらない……光浦さんならどうしますか？

（Ｎｏｒａ・31歳食品業・男）

玄関のドアにメモを張っておくと良いですよ

一度気になると止められないですか。でもアナタの場合、悪いことじゃないっつーか、タイムカードは確認したら終わりだし、掃除もきれいになったら終わりだし、エンドレス地獄でもないし……。

私も家を出たとき「あれ？　こたつ切ったっけ？」系はちょいちょいあります。その場合は遅刻を選びます。火事と遅刻じゃ重さが違うっしょ？　あんまり「あれ？」が多い人は、玄関のドアに「確認！ ガス 電気 戸締まり」と書いたメモを張っておけば良いと思います。

でも、私は死んでも張りません。なぜなら「今、奥さんが出産で里帰りしてて寂しいから、うちで飲み会してるんだけど」と、ある男から誘われ、友達とわざわざ出かけていったら、その男、ただの酒乱で、まあ～からまれ倒して、まあ～嫌な思いをしたんですね。だから飲み会も早々に「気分悪いから帰るわ」と出てったんですね。そんときのマンションのドアに、丸文字で、いろんな色使って「忘れもの注意！ 鍵、ガスの元栓、ハンカチ、ティッシュ、携帯、いってらっしゃい。お仕事がんばって♡」てクソみたいなメモが張ってあったんですね。

幸せいっぱいの男の、ほんのちょっとの寂しさをフルにぶつけられるって、なんでしょう。理不尽！ 憤慨！ 私はそのメモにぱんぱん、と2回手を打って「男が浮気しますように」と拝んでおきました。

こういうことじゃない？ アナタが気になるっつーのは……。私があまり気にしないたちなのか、傷をなめあうことができません。すみません。

でも共鳴のトライはしてみます。私が気になってしょうがないのは……ま、人との距離ですかね。こないだ電車で気持ち悪い女に会いました。吊革の8割が空いているような、どこでも立てるような混み具合なのに、私の横にぴたっと立つんです。気持ち悪っと一歩横にずれたら、その女もずれてきたんですね。ああ、やっとスペースできた、みたいに髪をふぁさってやって、私のつかんでた吊革をつかむんですね。何、何、何、こわっ。見た目は普通の若い女です。ぬるい吊革を欲しがる病気なんでしょうか。ああ、気持ち悪い。女の髪が触れたところがかゆくなってきました。ああ、かゆい。ああ、嫌だ。ああ、気持ち悪い。思わず「ああ」と口から出てしまいました。すると女がチラッと私を見て「何？　気持ち悪」って顔をしました。ふざけんな！　お前なんかにその顔する権利はない！

こういうことでもない？

お菓子がやめられない

やばいです。お菓子がやめられません。前はそんなにお菓子好きではなかったのですが、仕事のストレスのせいでしょうか、連日連夜、寝る前にお菓子パーティーをしてしまい、この1カ月で体重が5kgほど増えてしまいました。どうしたら我慢できる子になれますかね？

（まうむ・27歳職業不詳・男）

「幸せとは、捨てること」なんだそうですよ

無理ですよ。やめられませんよ。何事も「やめなきゃ、やめなきゃ」と思っているうちは、まあ、そのことで頭いっぱいですから、逆に気になっちゃって気になっちゃって、悪化するだけです。

「やめよう」と思うことをやめられたら、やめられますよ!!

なんか、いいこと言うでしょ。でもよく考えると、なんのこっちゃでしょ。で、どうすり

ゃお菓子やめられるのさ、と思うでしょ。そんなもん。世の中そんなもん。

今トイレで、偉い人の名言集みたいなの読んでるんですね。毎日1ページずつ。なるほどなぁって思いますよ。幸せってのはね、捨てることだって。捨てることが自由を得ると。執着する心を捨てたとき、人間は楽しくなれるんだって。なるほどねぇ……。アイツに負けた、コイツに負けた、そんな心があるからいつも辛いんだな……。

トイレ出て、仕事に向かうんですね。「さ、捨てるぞ」って。で、仕事場で競争心捨てちゃうんですね。「どうぞどうぞ、アナタ、前に出てください。私、後ろで笑ってますから」って。

で、結果、惨敗してすげぇ落ち込むんですね。家に帰って落ち込みすぎて、下痢になってトイレ入って、また本を開くんですね。「捨てようとした結果、すげぇ不幸せだわ」って。で、考えるんです。「私が捨てるべきなのは、この、落ち込むことじゃないのか？　これこそ執着心なり」って。で、一回、仕事なんてどうでもいいわって気持ちになってやるべって。で、翌日。より惨敗するんですね。だって、向上心捨てちゃってんですもん。で、また落ち込んで、下痢してトイレ入って、本を開くんですね。「捨てようとした結果、より不幸になった」って。私は捨てたいだけなのにぃぃぃ……おや？　この「捨てたい」という心が執着心なのでは？　もうね、カオスですよ。

お菓子をやめたい？　やめなくてもいいんじゃない？　弊害なんて、ブクブク太って、顔だけじゃなく背中や胸の谷間にもボツボツができるくらいでしょ。人から聞いたんですけど、食欲や性欲って、まだ捨てやすい欲なんですって。褒められたい、認められたい、そんな欲が一番タチ悪いんですって。修行してもなかなかなんですって。まさに私ですよ。将来の夢はパンダですからね。笹食べたぁ、寝たぁ、動いたぁ、それだけで褒められるパンダのような人になりたい！　私もストレスでお菓子をドカ食いしますが、下痢するまで食べるので、太りませんよ。

先生が好き

高校2年なのですが、教科担任の先生に恋してしまいました。いけないことだと思っていますが無理なんです。友達にも親にも、誰にも相談できず困っています。光浦さんは先生を好きになったことありますか？　何か良いアドバイスをもらえたらうれしいです。

（ちょこぷりん・17歳高校生・女）

事実はねじ曲げられ先生はピンチになります

誰にも相談できない、それは正解です。先生のことが本当に好きならば、その気持ち墓場まで持ってゆきなさい。誰にも言うんじゃありませんよ。
学校なんて噂が大好き、つーか、噂を流すくらいしかやることないでしょ？　ちょっと色つけて人に伝える奴が絶対います。〝アナタが先生を好きになった〟この事実はねじ曲げられ、〝先生がアナタをたぶらかした〟と広まることでしょう。今のご時世、モンスターペアレント野放し状態でございましょう？　アナタのご両親がモンスターでなくても、どっかのモンスターが「○○先生は女生徒をたぶらかすんですってね。うちの娘をそんな狼のいる学校に通わせるわけにはいきません！　○○先生を辞めさせてください！」と怒鳴り込んでくるでしょう。

アナタが好きになるような素敵な先生です。きっと、アナタ以外にも先生のことを好きになった女生徒がいることでしょう。思春期の女子はとても感受性が豊かです。恋に恋してしまう年頃です。大好きな先生が何かの拍子に、例えば鼻水をずずっとすすった、その音が気持ち悪かった、そんなことで大嫌いになったりします。片思いから憎しみへ、処女にありがちな恋の仕方です。「○○先生は女生徒をたぶらかすんですってね」。想像力豊かな処女たちは、すっかり被害者気分になっており、「ええ、そうです。私も先生にたぶらかされました」と答えることでしょう。「そうなの？　じゃ、あなた、公の場に出て証言してくださる？」「はい、わかりました」。その場の勢いで答えてしまいます。

いざ、公の場で。大人たちに囲まれ、緊張してしまいます。よくよく考えるとただ片思いしただけなのに、今さら言い出せません。プレッシャーと後悔でつい涙が出てしまいます。その涙をモンスターたちが過大に解釈します。

「まさか……あなた。○○先生にレ、レ、レイプ……」

「いいのよ。いいのよ」。急に優しい言葉遣いになった大人たちが怖くって、いったん出た涙が止められません。その涙がイエスという意味にとられます。

そして先生は、無実の罪で学校から追放されました。たとえ無実が証明されても、悪い印象だけが残り、学校にいられなくなりました。

ね。先生を好きだという気持ちは心の中にしまっておきなさい。卒業して、20歳越えたとき、まだ好きだったら、自己責任のもとで告《コク》りなさい。

思いが通じるといいね。

iPhoneはカッコイイか？

iPhoneを買おうかと迷っています。女性から見てiPhoneを使っている男性はカッコイイでしょうか？　モテるのでしたら買いたいのですが、オタクと見られるだけでしたら困るかなと思っています。

（サラリーマン春乃・43歳会社員・男）

やはぎが持ってるんだから間違いないと思います

iPhoneを使ってる男はカッコイイと思います。なぜなら、おぎやはぎのやはぎが使っているからです。私の所属する事務所、人力舎の人間はみんな、やはぎに憧れています。やはぎのやることは間違いがない、そう信じています。だから今、人力舎ではiPhoneが大流行しています。

やはぎの何がスゴイって、まず、やはぎのことを「嫌い」と言う女が世の中に一人もいないということです。頑張っても「あんまり好きじゃないかも」。ここ止まりですね。やはぎは昭和のキングオブモテ男、火野正平さんと似たようなにおいがします。火野さんに会ったことのある私が言うのだから間違いありません。

火野さんに初めてお会いしたとき、それはそれは衝撃的でした。京都太秦《うずまさ》の撮影所でした。その日、私にはドラマの撮影でピアノを弾きながら歌を歌う、というシーンがありました。簡単な曲なんですが口と手を同時に動かすということがなかなかできず、私は休憩所のベンチで練習をしていました。鼻歌を歌いながら、楽譜の上で指を動かします。エアーピアノだというのに、何度やっても指が転んでしまいます。鼻歌ですら音程がはずれます。嫌になり、もう止めようと、はぁ～っとため息をついたときでした。後ろから声がしたのです。

「お嬢さん。歌……続けてよ」

オジョウサン、ウタ、ツヅケテヨ？

誰⁉　びっくりして振り返ると、そこには午後の日差しに眩《まぶ》しそうに目を細める、坊主頭の火野さんがいました。ひ、ひ、ひ、火野正平。もう、ハートをグシャッとされていました。抱かれてもしょうがない、そう思いました。

……あ、ごめんなさい。つい話がそれてしまって。だって今、寒いんですよ。気温の低い春の夜なんですよ。もう一度、火野さんの思い出に浸りたくなりましょうよ。

あ、やはぎのスゴイところでしたね？　他にもスゴイとこありますよ。例えば、オシャレなとことか。あのドン小西も「やはぎ君はオシャレだから」と朝の番組で言ってますからね。ドンのお墨付き。笑うとこじゃないですよ。

他にも、東京育ちで、元トップビジネスマンだったし。ビリヤードが上手だし。もう、スマートの塊じゃないですか！　みんな憧れるに決まってるでしょうよ。アナタへ。やはぎが持ってるんだから、間違いはない。買いなさい。

あ、ちなみに。私はｉＰｈｏｎｅ持ってませんけど、なにか？

ライブの正解

ライブでの立ち居振る舞いがわかりません。何を着ていけば正解なのか、靴はスニーカーでいいのか……など前日から憂鬱で、会場でもどう音楽に身を委ねればいいのかわからず、掛け合いにも中途半端に参加してしまい、全く楽しめずに終わってしまいます。ライブでは何が正解なのでしょうか？

（ＭＡＹＵ・28歳保育士・女）

ライブでは何が正解なのか私もわからないひとりです

だったら行くな、とは言えません。私もアナタと同様、自意識過剰、つい人様の目を気にしてしまう人間ですから。わかりますから。

日の落ちる前の野音が最も苦手です。「ああ、好きな曲に合わせて、家でやってるみたいにふ〜らふら踊りたい！」と思っても、なかなかできません。「なにあの人の垢《あか》抜けない踊うとか。なんか見られてる気がするんですね。

かといって、棒立ちでもいられないんです。気が小さく、いろんなことを気にするタイプだから、ステージのほうも気になって。「ああ、こんなノリの悪い客を前に、やりにくいだろうなぁ。私はファンとして、ミュージシャンをのせなきゃいけないのに。なんか悪いなぁ……」と、申し訳なくなってしまいます。全く無関心な客の前で漫才をしたあのやりにくさ、若き頃の営業を思い出します。客と演者の板ばさみに、胃がシクシクしてきます。

そのうち「こういうところで踊れない、照れっつーか、逃げっつーか、リミッターを外せない感じ、これが芸能界での伸び悩みの一因でもあるよな……」と、反省を始めてしまいます。そして「今、ここで、私がテンション振り切って踊り倒せたら、今年は売れる!!」と、願掛けをしてしまいます。「売れるために、踊らなきゃ、踊らなきゃ、踊らなきゃ……」。こうなると、もう、全く楽しくないっ!

アナタへ。さて、どうするか。

ワーキャー黄色い声援の大きいライブへ行ったらどうでしょう? 団扇《うちわ》、ペンライト、タオル、基本は振り回す、簡単な動きで決め事が多いので、逆に同化するのは楽だと思います。同化してキャーキャーキャー叫んだほうが楽しいです。

もうひとつは、全く力のないライブスタッフと仲良くなる。チケットが余っていたら、というラッキー頼みになりますが、当日ギリギリに、本当に悪い、一番後ろの席とかが手に入ります。もちろん有料です。でも、一番後ろってのは人目も気にならず、自由にはしゃげます。力のあるスタッフじゃ、変にいい席を取るのでいけません。長年やってるケータリングのバイトの人、これくらいがちょうどいいです。

U2をさいたまスーパーアリーナの最上階の最後列から見たことあります。立ったら落ちるんじゃないかっつーくらいの急斜面。真下にゴマ粒大のボノの頭頂部だけが見えました。楽しかった。

隣の部署へのお仕置き法

職場の隣の部署にムカツいてます。冷房を勝手に切ってフロアをめちゃくちゃ暑くするわ、共用のパソコンのデータを何ギガも占有するわ、まるで高校の文化祭ノリのようなスカスカなトークで異様に盛り上がってるわで、もう我慢なりません。大人のお仕置き方法を教えてください！　（中耳炎・29歳会社員・男）

大人のお仕置きは、まずイイ人になることから？

大人のお仕置きねぇ……。私は最近、人からよく言われます。「大人になりなさい。賢くなって、フリでいいから一歩譲って、そういう人をうまいこと手なずければいいのよ」と。う〜ん……。「気を遣ってます」アピールばかりする仕事のできない若い女スタッフに真っ向から腹を立てる私は、バカなのだそうだ。嫌われるだけなのだそうだ。後に、自分たちが結束するために必要な、わかりやすい「敵」にされるのだそうだ。ああ、怖い。

でもさ、「はいはい」という返事しかり、おじぎも2回やられると腹立ちません？　あの赤べこ並みのペコペコ。あのペコペコには全く心が入っていない。なんの意味もない。もはや「あのババアにはペコペコしときゃいいんだよペコペコ」です。

とてつもなく長い時間放置された後。「何時に始まるの？」と聞けば「あ、わかりません。すいません、聞いてきます」と言ってペコペコ。何分待っても返事なし。もう一度「何時に始まるの？」と聞けば「あっ、すいません。忘れてました」とまたペコペコ。で、聞きに行くと思いきや、つっ立ったまま。こっちもつい「ペコペコじゃなくて、時間知りたいんだけど」と言ってしまいます。するとまた「申し訳ございません」。ペコペコペコペコ。そのときの女スタッフのザ・被害者な悲しい顔といったら。あのさ、自分、今、被害者じゃないよね？

何が腹立つって、その手の女スタッフって、男芸人とは仲良く話してたりするんですね。光浦さんと違って皆さん怖くないからリラックスしてます、な空気感満載で。仕事できないことが、からかいのネタになったりして、誰からも反感買ってないんですね。となると、完全に私だけが悪者じゃないの！　ババアの若い女イジメになるじゃないの！　ちょい、ちょい、ちょい、これ、冤罪《えんざい》じゃねぇ？

こういうことをアラフォーな女性に話すと、必ず「大人になりなさい」と言われます。

若さは強さ。ケンカは歳が下、ポジションが下のほうが有利です。アナタが何をしたって悪く言われるだけです。まずは下手に出て、懐に入り、「あの人イイ人だよね」と言われるようになること。「イイ人」になってから「他の人に迷惑だよ」という言い方で注意すること。で「叱ってくれるうちが花だよ。あの人、本当にイイ人だよね」と再度言われること。これが大人なお仕置きです。

最近、本当にイイ人と、ずるくてイイ人の違いがわからなくなり、考えると気持ち悪くなります。

コンビニに欲しいものがない

別に悩みってほどでもないのですが、コンビニに欲しいと思うものが何もありません。これ食べたいと思うお弁当もありません。そう思うたびにものすごい虚しさを感じます。じゃコンビニ行くなよって話ですが、コンビニなしの生活は考えられないわけで……単なるワガママでしょうか？

（たっつん・31歳接客業・女）

コンビニで食べたいものが見つからないときは……怒れ！

わかるぅ。実際お腹空いてて、何でもいいから食べたいんだけど、何にも食べたくないってやつね。コンビニの真ん中で、気付くと涙がツツツーッてときあるよね。そういうときって、なんでか口が臭いよね。口の臭くなる空腹感。ああ、わかる。ああ、嫌だ。

それはワガママではありません。アナタが可哀想なだけです。誰かに慰めてもらってプラマイゼロになる「可哀想」なんです。だからといって、誰かがご飯を作ってくれるわけでもないし、「お前は頑張りすぎ」って頭クシャクシャってしてくれるわけでもないんでしょう？　アナタも独りぼっちなんでしょう？　他人に期待したって無駄。その可哀想、自分でなんとかするっきゃない。

アナタは「虚しい」までいっちゃったようで。それはいかん。「虚しい」は発展しませんからね。永遠に続きますからね。下手したら死ぬぞ。私は「虚しい」になったときは、意識的に「怒り」に変えます。「怒り」はね、一見悪いもののように思われますが、上のほう向いてるっつーか。ダイエット番組のおデブさんらの動機しかり。自分のだらしない生活は棚にあげ、同僚が何気なく発した「豚」、それに怒って痩《や》せるんです。見返してやるって。悪いのは他人。自分に向いたら落ちるだけ。コノヤロウって気持ちは、手軽に立ち上がれるんです。

ラブとピースにしか興味のない私ですが、たまに「怒り」は利用させてもらいます。コンビニに罪はありませんが、心の中で悪態つきます。「手作り風ってなんだよ。どうせ機械が作ってるくせに。そういう表面だけの優しさはもうけっこう！　男だってそう。うわべだけ優しい奴が一番罪。勘違いするわよ！」と、思い出とごっちゃに腹を立て、「うわべ」というキーワードから、現場で会った女を思い出し、「あの女のイイ子っぷりは、うわべだけか？　つーか、人前で過剰に私に気を遣いやがって。それによって、私が悪者に映るということに、なぜ気付かない？　いや、気付いてやってるとしたら……どえらい悪じゃないか‼」とカンカンになります。すると不思議、食べたいものが見つかります。ああ、ビールが飲みたい。じゃ、とりあえず、あたりめとチーズ買っといて。あ、じゃ、ついでにスナックも。じゃ、シメは……パスタにしようか、焼きうどんか、親子丼か……ええい全部！　ヤケ食い祭りよ！

怒ると腹が減ります。

食べるは生きる。

赤ちゃんお披露目へのリアクション

年柄、周囲がベビーラッシュで、生まれるたびに赤ちゃんを見せられ、だっこせざるを得ない状況になってしまうんですが、そのたびに、どんなリアクションをしたらいいのか困ってしまいます。独身男として正しい、赤ちゃんお披露目の際のリアクションを教えてください！　（ブッキー・33歳ムードメーカー・男）

リアクションちょうだい！　の状況に本当に弱いです

アナタの気持ちわかりますよ。「さあ、リアクションちょうだい、ちょうだい」とされるとダメなんですよね。やべぇ、ご期待に応えなきゃ……って焦るんですよね。私たちは相手を思いやれる人間だからこそ、リアクションが下手なのですよ。

私は幼少期からずっと「ありがとう」が上手に言えません。神経質で恥ずかしがり屋な子供だったため「ありがとう」がウソに聞こえたらどうしよう？　と、言う前に悩んじゃうんですよね。プレゼントをもらったときなど、プレゼントの全貌が見えてから言ったほうが良いのか？　はたまた、全貌が見える手前で言ったほうがガッツいてる感が溢れて良いのか？　でも全貌が見えてもないのに言うのは出来レース臭くはなかろうか？　と悩んでるうちに、プレゼントの包み紙はとっくに剝《は》がされてて、ああ、タイミングを逸した、ってなってるんですよね。そこに母親の「アンタは死んでも、ありがとうを言わん子だよっ！」がいちいち入ってごらんなさい。もう言えませんよ。

5歳くらいの誕生日に、おもちゃのピアノをもらいました。「ありがとう」が上手に言えないのなら体で表現しようと、私はおもちゃのピアノの前で、両手を上げて2〜3回ぴょん、ぴょん跳ねてから、でんぐり返しをしました。こんなに喜んでるんだぞ、と。しかし、目測を誤り、ピアノにかかと落としをしてしまいました。ピアノの脚が4本、一瞬で折れました。「大事にせんなら、もう、あげん！」とピアノを取り上げられ、母にビンタされました。

今も「ありがとう」「ごめんなさい」がうまく言えず、「リアクションちょうだい、ちょうだい」の状況に本当に弱いです。「罰ゲームは、激苦ジュースでぇーす!!」など、恐怖です。

さて、アナタへ。フリが大切です。まずは、赤ちゃんを抱くのを嫌がりましょう。赤ちゃん嫌いか？　と思うくらいに。「抱いたことないし、落とすかも。怖い、怖い、怖い」と嫌がりましょう。親は「大丈夫。大丈夫。1回抱いてみ?」と赤ちゃんを押し付けてくるでしょう。そしたら、つまらなそうにしばらく抱き、何も言わずに返しましょう。そして、一呼吸おいたら、うなずきながら「うん、うん……正直……可愛いわ……」とボソッと言いましょう。派手なリアクションはいらないので、とても簡単です。そして、とても楽に好感を持たれますよ。

レッツ・トライ!!

エキセントリックな女とのその後

以前、僕の〝ちんたく〟をとってきた女性の件で相談した者です。光浦さんの「普通にエロい女」という答えに背中を押され、すぐに告白し付き合うことになりました。しかし先日、彼女の家で開封済みのコンドームの袋を発見。彼女は「ずっと前の」と言います。そういうもんでしょうか？

（もぐら・30歳メーカー・男）

問題は、いつ誰と開けたかじゃありません！

またアナタですか？　恋愛系のお悩みを送ってくるリピーター男性って、ダメな人間が多いんですよね。あ、別にアナタのことをダメな人間と言っているんじゃなくて、統計的にってやつを言ってるだけですよ。

お悩みに答えますね。まず、開封済みのコンドームってなんですか？　使用済みではなく、あの小袋を開けちゃった状態ってことですよね？　わたくしは、人生で一度も、コンドーム を小袋から出した状態で放置したことがないですから、想像で物申しますが、カピカピにな った細長い風船みたいなもんがベッドの下とかからべろろ〜んと、その一部をさらけ出して いた、そんな状況をアナタは目撃したのですか？　そこまではない？　「コンドームある？」 「あ、そこ。テレビの下の百均のカゴの中」「わかった。あれ？　これ、袋開いてない？」な 状況でしたか？　ま、どっちゃでもいいです。ここで問題なのは、そのコンドームの袋がい つ開けられたとか、誰と使ったとかそんなことではなく、開封済みのコンドームを放置して いる彼女はだらしない、ずぼら、雑、これだけです。それをアナタは「ずっと前のならいい や」って、おいおいおいおいおい、なに納得してんの？　「開封済みのコンドームを放置」、これ だけで男はどん引きして良いのですよ。

アナタと付き合って、間もないわけでしょう？　付き合い始めた男が部屋に来るというの に、掃除をしないってどういうこと？　セックス目的で部屋に呼ぶわけでしょう？　なんで コンドームのことに気が回らないの？　なんだろう？　雑。雑すぎてやだ。こういう女はだ いたいトイレの使い方が汚いから嫌い。便座にウォシュレットのしぶきを残していったり、 トイレットペーパーをズタズタにぶっちぎったり、そう、トイレットペーパーを使いきって も次の人のために新しいのに付け替えたりしないのね。たとえ自分が新しいのを使っても、絶対に付け替えないの。汚物入れの蓋の上に載せるのね。そう、そういう女。そういう女は、トイレの女神様の罰が当たるんやでぇ。

雑な女って、悪いことしてもあんま罪の意識ないんですよね。反省をうながしても無駄なんですよね。そう考えると、彼女とアナタって、ベストカップルですね。罪の意識のない女と、何が罪なのかわからない男。近い将来、彼女が浮気します。でも、「気持ちよくなかったからいいじゃん。許してよ」。これで納得できるアナタでいてください。

お金の返させ方

私からお金を借りたことをすっかり忘れている友人に、うまく思い出させる方法を教えてください！　結局いつもこっちから「返して」と切り出すことになって、場を冷ましてしまうパターンが多すぎです。お金がない中せっかく貸してあげても、何かすごく損した気分になります。（むっきー・23歳書店員・女）

ちゃんと「返せ」と言える、金に無頓着なキャラとは？

「お金を返して」って言いにくいですよね。変に気を遣うと変な空気になりますよね。言い出しにくいなぁ……の時間に比例して、こっちが悪者にされますよね。「なんだよ。今言うのかよ。金、金うるせぇなぁ」って、なぜ怒られる？

だから私もいろいろ考えました。人から金を借りるような人間だ。どっか図太いはずだ。鈍いはずだ。こっちの気遣いに気付くわきゃあない。思い出させるなんて無理だ。返せとはっきり言ったほうがいいんじゃないか？　切れ味いい刃物でスパッてやった傷のほうが、痕は残りにくいって言うもんね。ただ、かといって金に執着してるとは思われたくないんだ。金には無頓着キャラでありたいけど、実際、金は耳を揃えて返して欲しい。

「金を返せ」とはっきり言えて、金に細かく見られないキャラってどんなだ？

そして見つけました。パンツルックキャラです！　真矢みきさんとか、ＲＩＫＡＣＯさんとか、米倉涼子さんとか、キムタクのドラマのときの篠原涼子さんとか、パンツルックの似合う女性になりきればいいと気付いたのです。

金を貸した相手と会話します。いったん会話を切り上げて、じゃあねと去っておいて2秒後、思い出したように「あ、そうそう、あんときのお金、そろそろ返してよね」と言えばよいのです。「返してよね」の後、「アンダースタンド？」って人差し指で相手を指さし、鼻にシワを寄せてニッと笑います。そしてスタスタ去っていきます。仕事が詰まって詰まってケツカッチン、とヒールをカツカツならしながら。

なんて自然で、嫌味なく、さっぱりと「金返せ」と言えることでしょう！　全然、金に執着してるように見えませんもん。鼻にシワを寄せてニッと笑う表情の裏側には「ごめん。今月飲みすぎちゃって、金欠なんだ。わるいっ！」って、手を合わせる姿が見えますもんね。

隣に座った知らないおっさんに、勢いでおごっちゃったんでしょうかね？　金を返さない人間を責めずに、自分のおっちょこちょいで落とすとこなんかシャレてますよね。

実際やってみました。すぐにお金は返ってきました。場を冷ましてしまうこともなく……というか、自分は言い逃げしてるから確認のしようがなかったです。背中にはびっちょり汗をかきました。視線かな？　うん、視線だな。私の急な不自然なキャラ変えに、触れちゃいけないっつーか、アンタッチャブルな出来事に、なんか……金は返ってきました。

結果オーライだねっ！

社内不倫の休み方

今、社内不倫中の子と一緒です。僕は明日は会社は休みなんですけど、その子も明日は会社は病欠して僕と一緒に過ごしたいと今、横でわーわー言ってます。でも、2人同時に休んだら噂になりますよね？　ただでさえ「その子にだけ怒り方が違う」と最近お局様に指摘されたばかりなのに……。

（マムルーク・35歳会社員・男）

気まずくなってください。いつか別れるんだから

噂になればいいじゃん。そいで、なんとなく二人の関係が気まずくなっていけばいいじゃん。「お前のせいでバレただろ」って。「なによ。そんなに私のこと隠しておきたいの？　私は人前に出せないような恥ずかしいモノ？」って。も〜め〜ろっ！　も〜め〜ろっ！　わ〜かれろっ！　ざまあっ！

どうせさ、浮気相手は浮気相手なんでしょ？　奥さんと別れて結婚するほど愛してないんでしょ？　いつか別れるんだから。別れるための種を、ちょっとずつばら撒くべきじゃないでしょうか？　向こうから嫌ってくれなきゃ、アナタ、将来痛い目に遭いますよ。早く、早く、嫌われること。それが優しさでしょうが！

浮気相手をずるずると生殺しみたいな付き合いして、歳とったらポイで。浮気相手も気づいたときには、もう子供も産めない年齢になってて、天涯孤独ですよ。一方アンタは、成人した子供たちからフルムーン旅行なんかプレゼントされて、奥さんと温泉旅館で、白身のお造りなんかつまんだときに「ああ、これが幸せか」なんて思ったりして。人非人!!　自分さえよければいいのか！　だったら、浮気相手に十分な経済的援助をしろ！　セックス1回5万円だ！　♪セックス　いっかい　ごまんえん～。セックス　いっかい　ごまんえん～。

ただセックスしたいだけなのに、変に悩んじゃってさ。んで口から出る言葉は「悪いのは全てオレだ」って。クソナルシスト。なんだそれ？　チープだわぁ。どっかで聞いたことあることばっかり。言いわけくらいオリジナル出せよ。

自分でも、びっくりするくらいアナタのことを憎んでいます。私が不倫したことあるのかって？　ない、ない、ない。全然ない。なのに、こんなに感情移入。なんでしょう。なんでこんなに腹立つのでしょう。私の古くからの女友達も不倫しています。ただ彼女が不倫していたことは、私だけには随分の間、内緒でした。彼女いわく「やっちゃん、不倫とか怒る人じゃん？」って。なにそれ～？　なに私の性格分析とかしちゃってんの？　私は別に不倫を怒りませんよ。本人がちゃんとしてれば、変に依存してなければ。それを、なんつーの？　浅い感じで、「学級委員とかやってたから」って。いつの時代のこと言ってんだよ。一応、社会に出て20年だぞ。そこそこ見てきたわ。お前が勝手に私を型にはめんなよ！　なんか腹立って、それ以来、な～んかね……ギクシャクした関係です。さて、私は不倫を憎んでいるのでしょうか？

会社を辞めたあと

38歳会社員・男です。2月いっぱいで会社を辞めることになりました。3月から無職です。次にやることはまだ見つかっていません。何か新しいことをやりたいな〜と漠然と思っているだけです。もし仕事なくなったら、光浦さんなら何をしますか？ 参考までに考えをお聞かせください。

（はらっぱ・38歳会社員・男）

私は仕事がなくなったらまず海外に逃げます。で……

そうですねぇ……。真面目な話、私は臆病で見栄っ張りで、「あの人、テレビ出てた人じゃない？」「え？ ウソ。知らない」てなコソコソ話に耐えられるほどの強心臓ではないので、まず、海外に逃げますね。手っ取り早く、英語圏に。

でも逃げたと思われるのが嫌なので、どこでもいいから学校に入って留学という体をとります。昔から留学したかったぁ面《づら》をこいて。とりあえず英語学校にでも通いましょう。日本人の少ない、世界各国の志の低い人たちが集まる学校がいいですねぇ。敗戦国日本で育ったからでしょうか、英語を話す人にはビビってしまいますが、英語以外の言語を話す人には、なんか堂々としていられそうです。

そしてその留学中に軽く顔をいじっておきます。目頭をほんのちょっと切開して、鼻にちょいとシリコン入れて、唇にヒアルロン酸注射して。あ、涙袋にもちょいと注射しようかしら。プチ整形ってやつです。んで、歯並び変えて、目はレーシック手術します。でも眼鏡はかけます。近眼レンズと違い、だてレンズは目が小さくなりませんからね。「眼鏡を取ったら美人なんじゃないか？」幻想だけを存分に利用してやります。

そして2年後、日本に帰ります。「あれ？　なんかキレイになったね」と言われたら「え？　英語の発音って顔の筋肉使うでしょ。それで小顔になったかなぁ？」と答えます。海外の水が相当合ってた風を装い、ここで、よく笑うキャラにシフトチェンジします。

そして芸能界で培った人脈を駆使して、芸能人がオーナーの飲食店で働きます。けして小皿がプラスチックでない、パセリも小さい菊も使い回ししない、トイレに置いてあるアメニティーグッズがやたらと充実してて、全体的にワット数の少ないシャレた店で。で、野菜ソムリエの資格を取ったりします。この間にできれば結婚します。元々、お嫁さんになるのが夢だった、を大々的にアピールして、仕事でうだつの上がらなかった自分を帳消しにしてやります。

結婚できなかった場合は、田舎に帰ります。そして実家で今川焼き屋をします。自分好みの、皮ばっかりの今川焼きを売ります。遺伝子組み換えの小麦と小豆を使ってコスト削減し、小づかいに困らない生活を目指します。

参考になりましたか？

夫が連れ子とお風呂に入る

10歳年下の夫と再婚したのですが、その夫は私の連れ子（13歳女）と毎日一緒にお風呂に入っています。実の子ならいいのでしょうが、血もつながっていないし、夫と娘の歳の開きと、私と夫の歳の開きも同じ10歳なので、ちょっと心配です。どうしたらいいでしょうか？

（ハム子・33歳主婦・女）

アナタが13歳だった頃を思い出してみてください

やばいよ。やばいよ。やばいよ。アナタの旦那と娘さん、もうすでに恋愛関係になってるよ。肉体関係まではどうだろ、わかんない。でもやばいよ。そんなもん、ひっぺがさなきゃ。風呂に一緒に入るなって怒らなきゃ。やばいよ〜。

だって、自分が13歳だった頃のこと思い出してみてよ。その頃って、異性に対して残酷で潔癖になりませんでした？　この人はいいけど、この人は2メートル以内に近づくだけでゾワゾワする、とか。男のにおいがダメで、肩にのってるフケとか、息の臭さとか、本当に吐いたりするんですよね。父親と同じ鍋をつつくくらいなら断食決め込んでやるってのもこの歳ですよね。なのに、一緒に風呂に入ることを許せる男性って。何？　もう大人になっちゃった？

13歳の頃って、意味もなく「うわぁ～逃げ出したい」ってなりませんでした？　なんか気持ち悪くて。内側から出てくる、もよもよ、むにゃむにゃした感じ。言い表せなくて誰にも話せませんでしたが、なんか自分も含めみんな気持ち悪いっつーか。そんな時期に、23歳の男とお風呂を一緒に入るだなんて、ありえない。私だったら頭おかしくなってたでしょうね。なんか罪を犯してる、と自分を責め出して、わぁぁぁぁ～って。なのに、ねえ。お宅の娘さん、もう、女になっちゃった？

アナタの旦那っつーのもド変態ですね。13歳の女の子ですよ。少女から大人への、もろな時期じゃないですか。変身過程って、一番見ちゃダメでしょう。絶対に変態ですよ。本人が「いやらしい気持ちは全くない」と言うなら、ないでいいでしょう。だったらデリカシーなさすぎ。常識なさすぎ。自分の価値観を押し付けるだけの人間だから、将来絶対もめるから、早く離婚しちゃえば？

13歳は子供ですよ。特に性に関して、何も知らないんですよ。家庭のあり方が当たり前になるんです。アナタの娘さんは将来、誰とでも平気でお風呂に入れる女性になりますよ。それでいいんですか？　女子大生になり、女友達と温泉に行きました。そこは混浴風呂でした。男が入って来たのにアナタの娘さんだけキャーとも言わず、平気で股を洗ってました。翌日から変なアダ名付けられますよ。いいんですか？

しっかり見抜きましょう。娘さんに恋愛感情があるならば、取り合う前にケンカ両成敗、離婚することをおすすめします。恋愛感情がないならば、ずばっと言いましょう。「お前たち、気持ち悪いんだよ」と。

私を置き去りにした彼氏

私は地震が起きたとき彼氏といたのですが、彼氏は真っ先にひとりでテーブルの下に隠れてしまいました。私は置き去りです。幸い被害はなかったのですが、私の心がガラガラと崩れてしまいました。こんな彼氏との結婚は、考え直した方がいいのでしょうか？（普段は頼りがいのある彼氏だけど……28歳職業不詳・女）

2人がいいに決まってます。私はひとりで心細かったです

いや、結婚しても結婚しなくても、2人でいたほうがいいですよ。ひとりは怖い。ひとりは悪い想像しかできなくなる。「あ、こいつ、先に机にもぐった」なんてことに気づくのは、余裕があるということですよ。それはひとりじゃなかったからですよ。

地震のせいで、いろんな仕事がキャンセルになりました。初めの3日間、ひとりでいたのが辛かったです。電話もメールもまだつながりにくかったです。節電と義援金を送ること以外、とりあえず自分にできることはありません。薄暗い電気の下、手芸をしました。ニュースを見るたびに怖くなり、余震がくればもっと怖くなり、その怖さから逃げるように針を動かしていたら、人形がいっぱいできました。怖いんです。でも「怖い」と口にしたら悪い想像が本物になるようで、誰にも言えませんでした。髪を洗うのが怖くてお風呂には入れません。寝てるときに地震がきたらどうしようと服を着て寝ていたら、寝苦しくて怖い夢を見ました。トイレに行くと地震酔いのせいで、どうしても揺れてるように感じてしまいます。同じ場所にじっとしていることしかできなくなりました。古い座イスのリクライニングのとこの金具がずっと尾てい骨に当たっていて痛くて、次第に足がしびれるようになりました。でも手芸をすることしかできません。上達しました。人形がめっちゃちゃできました。

4日目、海外ロケから帰ってきた黒沢（森三中）の電話にとうとう「うちに泊まってくれ」と頼みました。そこから仕事が通常に戻るまで、いろんな独り身の一人暮らしの女子に代わる代わる泊まってもらいました。うちは合宿所になりました。

ある日、そのうちのひとりが言いました。「大学時代の親友にすぐに安否メール送ったら、しばらくたってから返事がきたの。『ごめん。旦那や子供のことが一番に頭に浮かんで、やっぱ友達はその次で……。すぐには浮かばなかった。ごめん』って」

「ふーん……」となりました。

しばらくして、その場にいたもうひとりが言いました。「ごめんって謝られても……ねえ」

「そうだよねぇ」「ごめんて、別にいらんよね」「上から目線？」「あら？　出ちゃった？」

なんかひねくれてますが、ちょっと元気になりました。独りでもひとりじゃなきゃいいんです。

主婦ブログチェックをやめたい

ほっこり主婦やクリエーター気取りの主婦のブログを血走った眼でチェックすることがやめられません。生活基盤は旦那様に稼がせ、自分は専業主婦でアクセ等を販売して忙しオーラをまき散らしているこういったブログを、平常心で見るための発想の転換を教えてください。

（九州ブス連合第1号・職業年齢不詳・女）

よく考えてみてください。彼女たちは本当に幸せなのか

アナタねぇ、人生経験豊富な人が言ってましたよ。「『幸せだ。幸せだ』と口にする奴ほど、幸せじゃないんだよ」って。私もそう思う。「ポジティブなこと言わなきゃ、幸せが逃げちゃうよ」って言う必死なアラフォー女性を見て、この人幸せだなって思いますか？　ポジティブなこと言わなきゃ、言わなきゃって強迫されてんじゃん。「リラックスするためにヨガ

をやらなきゃ」とか。「やらなきゃ」ってもう、ノルマ意識じゃん。リラックスの反対いってんじゃん。ほっこり主婦、クリエーター気取り主婦、それに近いものを感じませんか？

だってさ、ブログで「今日のお昼ごはんでーす」とか「今、はまってるお豆腐でーす」とか、そんないらん情報、芸能人じゃない人がなんで流すと思いますか？　私のことを知って欲しい、私のことをわかって欲しい、なんですよ。旦那や友人が話を聞いてくれないんですよ。可哀想な人なんですよ。いや、旦那も友人もちゃんと話を聞いてくれているのに、それじゃ満足できない、自己顕示欲の強すぎる人かもしれません。だったらもっと可哀想ですよ。地獄ですよ。

芸能人は自己顕示欲の塊です。だからみんなトーク番組やラジオ番組に出たがるんです。暴露、暴露、露悪趣味。でもこれもお仕事の一つだから、私が最近テレビで性への憧ればかり話すことも、「職業に貴賤なし」の一言でオールオッケーになるんです。でも芸能人じゃないのに、異常な自己顕示欲の持ち主はどうするんだ？　っつー話ですよ。ほっこり主婦や、クリエーター気取りの主婦だって、ひやひやしてると思いますよ。「いらねぇよ！　お前の情報なんか！」っていつ言われるんじゃないかって。いやもうすでに、アナタのような人間から言われてるんでしょうね。匿名の悪口って、思ったより攻撃力ありますよぉ。ズタズタですよぉ。そんな心に傷を負ってでも自分の情報を垂れ流したいんですよ。損な生き方ですよ。

　それをいじめたらいかんです。優しさを持って、なんなら彼女たちの生活に憧れる主婦のフリして、返事とか書いたらどうです？　「へぇぇ、泥石鹸にはまってるんですか！　〇〇さんの笑顔を見ると元気になります。今日も頑張るぞ！」って。

　どうです？　ご納得していただけましたか？　私はね、もう誘い水に引っかかって悪口とか言わないんです。いい人に見られたいんです。人から好かれたいんです。好かれて結婚して……なんなら、そっちサイドの人間になりたいんです!!

写真から実物を見抜く

どうも自分には写真から実物を見抜く力がないようです。こないだ写メを見て気に入った子を友人に紹介してもらったのですが、別物が来ました。風俗で写真を見て指名しても、いっつも外します。写真から実物を見抜くポイント、そして別物が来た時の心構えを教えてください！（Ｎｉｃｋ18・29歳会社員・男）

写真は2枚見るように。毛先に注目してください

写真の見抜き方？　写真なんて全部ウソですよ。一つも真実なんてないですよ。明かりを強く当てりゃボロは吹っ飛びますから、実際に見たら恥ずかしくなるくらい目の周りまっ黒けにアイライン引けば、誰だって読モ程度にはなります。黒目がちのぱっちり目なんて存在しませんからね。コンタクトと化粧のなせる技ですよ。天然の黒目がちは、クルム伊達公子さんしか本当はいませんからね。男なら濱口優さんと伊藤英明さんしか存在しませんよ。ほ

ら、そういう目の形になるでしょ？　黒目がちのぱっちりは全部ウソですからね。

なんつーのかな、写真から何か感じません？　私を見て見てオーラというのか、バラドルが一歩前に出ようとするときの熱感に似た貪欲さを。そして、そこはかとなく感じる2流っぽさを。2枚見れたらいいですね。2枚とも全く同じ位置におくれ毛があったり、毛先の遊ばせ方がぴったり一緒だったら、その子は写真より実物はブスです。計算しつくされた毛先、すなわち、輪郭の欠点隠しですから〜。残念っ！

で、アナタの質問はもう一つ、別物が来たときの心構えですってね。心構えねぇ……。つーか、なんでアナタが選ぶ立場にいるの？　彼女もいない風俗通いのアナタが、写メ見て気にいった子を紹介してもらって「だまされたぁ〜」って、おかしくない？　風俗はおいといて、素人の子は、アナタに選ばれたくて可愛いウソ写真を撮ったわけじゃないですよ。女の子はね、みんな自分のために可愛いウソ写真を撮るんですよ。女の子は死ぬまで「もうちょっと可愛く生まれたかったな」って思う生き物なんですよ。その、なんつーの、あんまり女子がいじられたくないところを「この写真、ウソじゃねーかよ」って。なんて不粋！　下品！　だからアナタは一人なんじゃないですか？　実物に会う前に写真に恋しちゃってるんだもん。じゃ、実物に会う必要ないじゃん。写真見てオナってりゃいいじゃん。実在する女の子は、アナタの想像と違うから面白いんじゃゃん。想像通りの答えでいいの？　想像通りの行動でいいの？　ああ、つまんない。アナタはこの先ずっと、今のアナタと同じ。なんの変化も成長もしないですよ。人と付き合うって、自分の枠を壊してもらうことじゃない？　想定外をどれだけ提供してもらうかじゃない？　そして、堂珍と川畑のようにケミストリーするんじゃないの？　まずは受け入れる！　まずは受け入れる！

……さて、ここで問題です。何行目から、昨日私がされた説教にスライドしていったでしょうか？

返品したい

先日、某スーパーで５００mlのペットボトルを買いました。ところが出先で飲もうとしたところ、カチッという手応えがありません。そう、開封されていたのです。返品すべきなのでしょうが、クレーマーと思われないか心配です。どうすべきでしょうか？

（コンビニで新しいの倍値で買っちゃったよぉん・32歳有職主婦・女）

いつもテレビ見てますよ。脅しにしか聞こえません

我慢したほうが良いでしょうね。すぐクレーマー扱いされますよ。今の時代、融通とか応用とか優しさとか、そんなもんは皆無ですよ。マニュアルに載ってない行動をした客は全てクレーマーですからね。水でしょ？　１００円でしょ？　嫌な思いするよりは安いんじゃない？

あのね、私なんか変に顔が四角くて、変に目立って、変に有名人ですからね、本当に損ですよ。例えば頼んだラーメンに髪の毛が入っていたとするでしょ？　低姿勢に「あの、髪の毛入ってたんですけど……」って言ったのに、「光浦、威張り倒して店員を怒鳴ってた。ただのクレーマー」って、翌日、世間に伝わってますからね。何も言えないんですよ。芸能人は悪くなくても悪者にされますからね。

道を間違えて遠回りしたのに、値段をまけることはしないし、謝ることすらしないタクシー運転手は、私が何か言おうとすると「いつもテレビ見てますよ」って言うんですよ。これって脅しじゃないですか？

試着して、そうでもなかった服を返そうとすると服屋の店員も「いつもテレビ見てますよ」と言ってきます。

「テレビって大変なんですか？　本当に黒沢さんとご飯食べてるんですか？　私、すごい森三中に会いたいんですけど」と言う店員に「……はぁ……」と答えていると、「なんだよ、態度わりぃな」って顔をされます。なんで客が気を遣わなきゃいけないの！　実際、ダウンタウンＤＸに、態度の悪い店員をちょっと注意したら「光浦が悪態ついてて周りに迷惑をかけてた」というハガキが来ていました。

仕事場にあるパン屋のミネストローネが、しゃびしゃびだったことがあるんですね。バイトが鍋の上澄みだけをすくったから、それはもうトマト風味のお湯なんですよ。普通なら旨《うま》いんですよ、そこのスープは。これが2回ほどあったし、仕事場ではそこしかパン屋はないし、しかも値もはるから、ま、富士山の自販機みたいなもんで、だから言ったんですね。「あの、下からすくって欲しいというか……、前、すごく薄かったんで……」と。したらバイトは、それはそれは困った顔をして、奥にいる店長らしき人のところに行って、こっちをチラチラしながら相談ですよ。えええ？　別のバイトたちが、ひじをつつき合いながら、私を見てはコソコソ言っています。これはクレームじゃなくて、アドバイスでしょ！

「ミネストローネは鍋の底からすくえ」。これを言えない日本は腐ってる！

主夫になる方法

自分は経済力がないため、経済力のある女性と結婚し、主夫になるしかないのではと考えています。そういう人と出会い、主夫になるためにはどうすればいいのでしょうか？　この際、勝間和代さんでも、勝間さんとほぼ同一人物なのに年収が勝間さんの半分くらいの人でも、どんな人でも構いません。

（失敗人生・30歳派遣社員・男）

人間は損得勘定で動きます。トイプードルになりなさい

そりゃ求められるのは、トイプードルに求めるものと一緒です。それは、ツラの良さと脳みその小ささでしょう！　くしくも、いわゆる男が女に求めるものと一緒じゃないですか？　美しい（自分好み）モノを見るのって楽しいじゃないですか？　人間はギブ&テイク、損得勘定で動く動物ですから「美しい＝楽しい」を提供してくれた人に何か与えるのは、全く当

たり前のことなんですね。美人というだけで人生3億の差が出るらしいですよ。

あ、そうそう、福田和子が逃亡してるとき、接した人たちはみんな「あの人はいい人だった」って言うんですって。なぜって、和子は「バレていない」ってテイクがあるから、人にギブができるんですよ。でも周りの人たちは、和子が逃げてるなんて知らないから、無償で奉仕してくれるように感じるから「あの人はいい人だった」になるんですよ。番組で一緒になった偉い先生が言ってました。

話がそれましたが、人間っつーのは本当に損得で動く生き物なんですって。だから、ツラが自分のどストライクの人がいたら、援助するのは当然なんですね。というわけで、経済力のある女性の好みの顔に整形しましょう。

次に求められるのは、脳みその小ささです。バカとは違いますよ。バカはずるいこと考えるでしょ？　脳みそが小さいっていうのは、子供とか子犬とかみたいに頭ん中が一色に染まっちゃう、裏がないってことです。ある程度経済力のある女性はもう、守って欲しいなんて気持ちサラサラないんですよ。影響も説教もされたくないし、意見交換すらしたくないんです。「あら、そんなこと考えてるの？……」って、結局は全てお見通し、神と民みたいな力関係がいいんです。面倒くさい駆け引きする余力はないんです。全てを費やしているからこそ、お金を稼げているんです。たまに「頑張ってるね」と言われたいだけなんです。頑張ってる人を見たら、脳みその小さい人は「頑張ってるね」と言うでしょう？　そう言えばきっと喜ぶだろうな、そんな心遣い、別名、計算の種はいらんのです。バカのフリしたら気づかれますよ。経済力ある女は賢いからね。脳みそを小さくしていってください。

アドバイスはしてみたものの、経済力のある女性は旦那は求めていないかも。私調べによると、求めているのは、あまり喋らず、ぼーっとしていて、心根のキレイなセフレです。で、2番目が犬で、3番目が甥っ子、姪っ子です。

息子へのリアクション

「すごいものはだいたいエジソンの発明」と息子が信じて疑いません。リュックもふりかけもそうらしいです。先日も「絆創膏は誰が考えた？」という息子に「エジソンじゃない？」と娘が答えると「ああそうだ、エジソンだ」と妙に納得してました。母としてどんなリアクションしたらいいでしょうか？

（みえこマン・38歳パート・女）

「なんでも知ってるねぇ」と褒めてあげましょうよ

「そうだねぇ。エジソンだねぇ。なんでも知ってるねぇ。自分こそ天才だねぇ」と私だったら褒めますね。「ああそうだ、エジソンだ」って、ちょー可愛い。何を思い出したんだろう？　子供が納得してるんです。それは正解でしょう。私は子供の頃から子供が大好きで、子供に対してだけは並大抵のことは許します。

今の私の生きがい甥っ子のゆうたん（3）も、とても素敵なことを言います。私がちびっこのてっぱん、オムライスを作っていたときです。私の側に来て言うんです、「ゆうたんはぁ、ごはんとケチャップとたくわんしか食べないよ。だから作らなくていいよ。あのねぇ、ゆうたんは、ごはんとケチャップとたくわんしか食べないよ……」

これでは栄養が偏りすぎです。「あのね、ゆうたん。卵に字書くから、仮面ライダーの名前書こうか？　ね、そしたら美味しくなるよぉ」と私が懐柔しようとしても「うん。でもゆうたんは、ごはんとケチャップとたくわんしか食べないよ。あのね、ゆうたんは、ごはんとケチャップと……」。本当に何度も言い続けるので、終いには折れてしまいます。「もう、その取り合わせ、天才！」と褒めてしまいます。

前にちびっこのてっぱんハンバーグを作ったときも、天才的なことを言ってました。「ゆうたんは、ハンバーグは食べないよぉ。おくらとトマトをそのまま出して」と。

最近、ゆうたんにお手紙ブームがきています。でもゆうたんは字が書けないので、お手紙をあげる人本人に、文面を書いてもらいます。こないだは私にお手紙をくれました。「やったんにお手紙あげるから、ゆうたんの言うとおりに書きな。あのね、やったんへ。やったんが誰からも面倒みられなくてもお仕事できますように」

……え？　ゆうたん？　ん？　どこで覚えたこんなこと？　テレビかな？　お父さんとお

母さんがそんな話してんのかな？　でも、その観察眼、天才！

ゆうたんは常日頃、保育園に行きながら、土木作業員として働いているそうです。保育園の話でなく、作業場での話ばかりします。本気で言っています。そして、ゆうたんの目には、恐竜が見えるんだそうです。ウナギトザウルスという恐竜が信号を食べたり、街を破壊するんだそうです。でも、悪い恐竜じゃなく、ゆうたんのリュックの肩ひもを直してくれたり、私のメガネがずれたのを直してくれるそうです。ゆうたんは気に入らないことがあると、ブーッとツバを吐きます。悪いことをして怒られているときも、反省どころかブーッとツバを吐きます。アルパカみたいで可愛い、とつい褒めてしまいます。

普通って何？

この歳になると「普通が一番」っていう意見をよく聞きますが、〝普通〟って何なんでしょうか？　現状の素晴らしさに気付けってこと？　変な高望みするなってこと？　出る杭を打つ言葉？　みんなが乗っかってるレールのこと？　普通なんて幻想にすぎないように思えます。普通の意味を教えてください。

（パピコ・35歳会社員・女）

普通をバカにしながら普通になりたかった私

ああ、私もアナタと同じことを思ってました。「普通が一番」ってのは、「変に高い望みを持つんじゃないよ。お前は特別じゃない。平均だよ。平均の上でもなけりゃ下でもない、世の中に溢れている平均なんだよ」。そう言ってるんだと。今まではそう思っていました。きっと私は若かったからだと思います。

島国だからか、民主主義だからか、多数は強いし正しいとされています。最近は、なんかちょっと違うこと言うと「空気が読めない」って、すぐ嫌われちゃうでしょ？　場違いな発言、行動をした人間は悪者にされてしまいます。その場にいる多くの人が思うことを常に想像し続けるって疲れます。でもそれが「多数」の意見、つまり「普通」で、最も誰でも簡単に手に入れられるはずなのに、いざ場の空気を読むとなると非常に難しい。なんとも「普通」というのはわからんです。

場の空気が読めないことを、若い頃の私は「自分は特別だからだ」と思っていました。「周りはバカだから、私の素晴らしさは理解できないんだ」と。でも小さな町、女子の世界、仲間外れになるのは嫌でしたから、自分を消すことに力を入れていました。町の洋品店スイノヤで売っている、クラスでも何人かが着ているペンギンのアップリケのトレーナーを欲しがったり、なぜかスイノヤで売っているプラスチックの変な絵の付いた水筒を欲しがったりしました。私は「普通」をバカにしながら「普通」になりたいと思っていました。

しかし歳をとり、この世界に入ってつくづく思うようになりました。「空気が読めないのは、自分が劣っているだけだ」と。同じ方向を見つつ、期待されていることをしつつ、裏切るけど、その裏切りは想像の範疇を超えることなく想像だにしなかったことをする。するとウケるわけですが……難しすぎる！　もう私にはわからない。今、番組がどんな流れなのか、何が面白いのか、なぜあの人が喋るとみんな笑うのか、なぜあの人はちらりと冷ややかな目で私を見たのか？　空気が読めないのです。あの人らから好かれないのです。

「普通が一番」。この解釈は、そのときのアナタの気持ちに合わせて変えればいいと思います。今のアナタは強気のようですね。普通を下に見ている。なんとも有望な感じで羨ましいです。戦いなさい。

確か、ラジオのリスナーのおばあちゃんの口癖だったかな？　今、私の一番好きな言葉です。「半分で上等上等」

弟はゲイ？

中学3年の私の弟は、ものすごいイケメンです。相当モテてるらしく、しょっちゅう告白された話を聞きます。しかし、当の本人はまるで女に興味ないみたいです。ひょっとしてゲイなのでは？　という気もしてきたのですが、ゲイのお友達の多い光浦さん、見極めのポイントを教えてください。

（ランキン・22歳大学生・女）

弟がゲイかどうかより相談されない現実を考えて

そうですねぇ。ちょっと知り合いに電話して聞いてみますね。

お友達いわく、「男とすれ違うときの目線に注意してみたらぁ？」とのことでした。確かに。ゲイのお友達と歩いてるとよくあります。前からいい男が歩いて来たときに限らず、私から見るとどこが魅力なんだろうという労働に疲れたおじさんが歩いて来たときも、しらーっとした顔をしながら、ぺとーっとした視線を投げかけています。すれ違った後も心眼？で見てるんですよね。顔は完全に前を向いているのに、完全に後ろを見てるんです。視野が並の人間より広いんですかねぇ？

そんときは何を考えてるの？　と聞くと、「あの子いけるかしら？　とか、あの子には勝ってる、とかぁ？」と教えてくれました。確かに。私のゲイのお友達はみんな負けん気が強く、みんな自分のことを実際よりちょい上に設定しています。

あと、お友達いわく「プールにやたら行くのは注意ね」でした。具体的な場所も教えてくれました。

私が以前人から聞いたことのある「後ろから驚かすと『いやっ』と言う」とか「興奮すると相手のことをつい『アンタ』と呼ぶ」とか「脇をしめがち」てなことを言うと、「それは近くにこなれたオネエがいる場合ね」と教えてくれました。「だって中学生でしょ。近くにオネエ言葉使う人がいればそうだけど、きっと、今は隠してる頃よね。ネットで知り合った子がいるかもしれないけど、多分、隠してるんじゃないかしら。中学生よね。一番悩んでるときじゃないかしら……。なんか見分け方とか教えて……なんか悪い気がしてきた。中学生よね？」とだんだん声のトーンが落ち、私と話したことを後悔しているようでした。

オネエブームで私たちも変に慣れてしまったというか、デリカシーがなくなっていました。

もし本当に弟さんがそうだったらどうするんです？　アナタ、お姉さんでしょ？　イベントにする前に、お姉さんなのに相談されてないという現実を受け止めましょう。歳の離れた男前の弟が可愛くて仕方ないんでしょ？　彼女なんて作って欲しくないんでしょ？　なんならゲイでいてくれって思ってんでしょ？　やめなさい。弟を独占しようとするのは。ドラマに出てくるクソ小姑そのものじゃないですか。

あ！　わかった!!　弟はゲイじゃないですよ。アナタの前だけ女に興味のないフリをしてるんですよ。面倒くさいから！

タトゥーを入れたい

タトゥーを入れようか悩んでます。個人的にはかわいいと思うし、私の周りの友達もみんな入れてますし、「××ちゃんも入れなよ～」と勧められます。でも、親に相談したら絶対反対されるのはわかってるし、彼氏は今いないので他に相談できる人がいません。光浦さんはどう思いますか？

（トッポ・23歳フリーター・女）

ベタはやれるうちに！　タトゥーお入れなさい

入れなさい。思う存分入れちゃいなさい。

尻とか、股とか、彼氏にしか見せないようなところにタトゥー入れてる人いますよね。彼氏と同じような柄入れてるさ。なんか、こう、羨ましい。なんつーの、つながってるって感じ？　ベタなことって、いいからベタになってゆくんですよね。お願い！ランキングでも、定番っつーのが絶対に上位でしょう？　ベタに間違いはなし！

わたくし今、テレ朝の『11人もいる！』というドラマで大家族のお母さん役をやらせてもらってるんですね。本はクドカンさんで、お父さん役は田辺誠一さんで。もう願ったり叶ったりな状況なんです。いつも人に囲まれて。子役さんたちがまた人懐っこくて。ぶっちゃけ他人でございましょう？　一線踏み越えてこないんですよ。失礼のないフレンドリーさ。最高なんですよ。私のこと「お母さん」て呼ぶんですよ。この仮想現実が永遠に続けばいいのに、と思いますよ。

わたくし、久々の連ドラのお仕事なんですね。もう5〜6年たちますかね。NHKの『笑う三人姉妹』というドラマが最後でしたね。そんなに知られてませんが、結構面白いドラマだったんですよ。秋元康さんの本で、浅野ゆう子さんと牧瀬里穂さんと私が三姉妹という……ま、設定に無理あったかなぁ。そこで私の恋人役が田辺さんだったんですね。これって運命ですがな。また田辺さんて運命ですがな！

何年ぶりかの再会ですよ。こちらは嬉しいですけど、向こうは「また渡りガニみたいな顔したメガネが相手かよ」と思ってたらどうしよう、とか考えるわけですよ。いやいや、向こうはこの何年かの間にいっぱいいろんな女優とからんでるのよ、私のことなんて覚えてやしない、とも思うんですよ。顔見せのとき、わたくし、思い切って挨拶しました。「お久しぶりです」って。したら向こうさん何と言ったと思います？「恋人から夫婦に昇格しましたね」って。これは、これは……好きになっても構わない、というゴーサインじゃないですか！　ああ、なんて素敵な言葉を紡ぐ人なんでしょう。

そんな下心満載でドラマの現場に向かっております。薬指に結婚指輪をはめる意味がわかりました。子役とは違うのよ、私と田辺さんとの関係は、って思えるアイテムなんですねぇ、指輪っつーのは。なんか着メロとかで売れてる最近の歌の歌詞が理解できるようになりました。「つながってる」が大事なのよ。そういうことなのよ。ベタが一番！

人生、ベタのタイミングを逃すべからず！

20歳上のおばさんへの恋

パートのおばさんに恋しました。20歳以上違うのですが、スーパーのレジで毎日言葉を交わすうちにだんだん気になる存在になり、想いを抑えきれず、とうとう先日買い物に行ったときに、告白してしまいました。それ以来、怖くてスーパーに行ってません。これで良かったのか心配です。

（定キチ・21歳大学生・男）

私、今、ウキウキしてます。パートのおばさん羨ましい

早く、急いで、もう一回レジに並んで。んで、照れながらも目があったらニコッと笑って。絶対何か始まるから！

私に置き換えて考えてみました。毎日言葉を交わす20も年下の大学生……全然アリです。余程のことがない限り、すんげぇ不潔で臭いとかない限り、可愛いです。だって、20も年下

だよ。大学生だよ。バカだって可愛いし、稼ぎなくったっていいし、性欲強すぎたって健康的だし、チェリーだったらこちらが有利なポジションにつけるし、どう転んでもいいほうにしかいかないんですもん。それが20も年下の大学生という生き物ですよ。ちなみに私は普通の女性より拒絶っ子です。その私が可愛いと言うのです。20年下の大学生は、パンダの7掛けくらい可愛いでしょう。

アンタ、人間40にもなったら、ある程度のことがこなれてしまって、人生を平らにすることが上手になるんですよ。女はね、40から女ホルの分泌がぐんと減って、無っ駄にイライラしたりするの。だから余計に、平常心、平たく、平たく、穏やかに、波風立てず、を心がけるようになるのよ。社会とぶつかりたくないから。結果、冒険のない、日常を楽しむ生き方になっちゃうんですよ。雑草にふと笑顔になるような、ま、それはそれでいいんですけどぉ。

そんな40代に降って湧いた告白。私、今、貴理子さんの恋ばな聞いてるくらいウキウキしてますよ。なんつー羨ましいシチュエーション。パートのおばさん、オッケーに決まってるじゃないですか。年下すぎて結婚は考えないかもしれません。でも、だからこそ、軽い気持ちで付き合えるんじゃないの？　外国人みたいな。言葉も通じないし、文化も違うし、だからこその「恥はかき捨て戦法」に出られるじゃん。「価値観違った」で全て逃げれるじゃん。わぁ、いいなぁ。想像しただけでウキウキしちゃう。アナタの部屋で、寒い夜は二人で毛布にくるまったりしてさ。ぱくぱくキスして。お布団がないからビニールマット出してきて、一緒に膨らましてさ。また、ぱくぱくキスして。そのうちおばさんがはしゃいで、彼が膨らますの邪魔したりして、で、ぱくぱくキスして……あ、これは『人のセックスを笑うな』だ。永作博美と松山ケンイチの…あ、ついアナタをマツケンに置き換えて想像してた。しまった！　どうりで……。

アナタがマツケンでなくても良し。会いに行け‼

息子がお金を盗む

小学6年の息子が財布やタンスからちょこちょこお金を盗っていきます。何度叱っても五月蝿《うるさ》そうにするだけで、全く効果ありません。ウチは母子家庭で家計も苦しいです。そのうち大変なことになるのではと今から心配しています。どうやって息子にわからせたらいいのかお知恵をお貸しください。

（匿名希望・40歳パート・女）

子供の頃、勉強できなかった子のほうが……

古典的手法ですが、やっぱりお母さんが「こほこほ」咳をすることじゃないでしょうか。明るく楽しく笑ってるときに、一瞬横向いて「こほこほ」とね。あ、無理して働いてたんだ、ごめんね、てなるやつね。

なんていうのかな、いとうあさこの感じが一番心に響くと思います。いつも元気で笑顔を絶やさず、周りを気遣い、酔っていても常にグラスの水滴を拭いているのを見ると、どこか「無理しないで」と思ってしまう感じ？　元気であればあるほど目の下のクマが気になってしまうというか。「いいよいいよ。休んでて」と私は思います。「こほこほ」を、いとうあさこにおける「クマ」のように活用して欲しいです。

私はどうにも自分が明るくないものですから、明るい人を見るとウソなんじゃないか？と思ってしまうんですね。つーか、ウソであって欲しいと願うんですね。一人になったときは悲観的なことばかり考えててくれ、と。自分はすぐに腹を立ててしまいます。なんかイライラさせる店員の対応に、一緒にいた友人がそれほど腹を立ててないとき、世間の怒りんぼ度数の低さに驚きます。憧れます。

最近私、発見したんです。「子供の頃、勉強できなかった子のほうが性格が良い」って。先日、めちゃイケの期末テストで濱口さんと話をしてたんです。いつからバカだったの？と。そしたら小2あたりからさっぱり授業がわからなくなったそうで、それから高校卒業するまで、毎授業、ずっと、ただ座っていたそうです。「無」にしてたそうです。「無」。なんという我慢強さ。大人だって一時間、ただ黙って座ってるって苦行ですよ。だから勉強できない子のほうが我慢強くなり、抗っても仕方ないことをスルーできる、たいていのことを流せる、ひいては大らかな性格になるんですよ。

私は下手に勉強ができたので、我慢することを覚えなかったんですね。常に自分が中心で、理解できれば面白い、理解できなければつまらない、そうやってきたので、大人になって、自分の理解できないことを許せないんですね。小さなことでも自分が納得できないとスルーできないんですよ。「ちょっと待ってください。オーダー間違えたのはそちらじゃないですか？　え？　え？　こちらがお金を払うんですか？」とか。クラスでも、勉強できる子のほうがよくキレてたでしょ？　ケツの穴ちっちゃいでしょ。これは必然なんですよ。アナタの息子さんはバカですか？　バカだからお母さんのお金を盗むんでしょう。でも性格は良くなるはずです。プラマイゼロということで納得してください。

二面性のある友人

マンツーマンで会う時は優しくて良いヤツなのに、友達数人とかで会う時は優しさ0の嫌なヤツになる友人がいます。どうして彼はそうなってしまうのでしょうか？　また、彼に対してどのように私は接したらいいのでしょうか？　人間関係の機微に敏感そうな光浦さん、ぜひ教えてください。

（メメクラゲ・28歳会社員・男）

アナタのそのお友達、常に人に順位付ける人です

今からアナタにとって辛い、グロいことを言いますよ。気をしっかり持ってくださいね。彼にとって、アナタは、ランキングが低いということです！　いるんです。そういう人、本当にいるんです。私の知り合いにも一人いますよ。常に人に順位を付ける人。

私も最初はわかりませんでしたねぇ。だって、いつも優しい、楽しい人だったんですもん。

それが、複数の人たちと買い物に行ったときかな、急に態度が変わったんですもん。A子としときましょうか。A子が「これいいじゃん」と、私に服を勧めてきたんですね。でも、それがあんまりよくなかったんですよ。いつものように「えー。ちょっとないわ」と答えると、A子が急に「うわぁ。腹立つ。あんたに否定されるなんてぇ」と怒り出したんですね。「え？　はい？　なんで？」。びっくりですよ。理由もわからず、更年期なのかしら……と流してましたが……。

後で人が教えてくれました。「あの子、人に順位付ける子だよ」と。ショックというより、そういえば、そうだ、そうだ、とスッキリしました。確かに買い物に行ったのは、いろんな意味で私より強い人たちが大勢いました。

常に順位を付ける人っているんです。ただ、ここで注意です。彼ら、人によって態度を変えてるわけではないんです。常に上位3人くらいしか目に入らないんです。上位3人くらいにしか笑顔を見せない、気を遣わない、真剣に話をしない、常に自分を「上の下」あたりにランキングする座敷犬のような人間なんです。上位3人までしか相手にできないキャパの超狭い人間なんです。だから、すんごいエリート集団にいても自分は4位、しょぼしょぼの集団にいても自分は4位なんです。ある意味ブレない人なんです。

だから、その手の人と会うときは、その人のキャパを超えない人数で会ってりゃいいんです。2人きり、または3人ですね。したら、すごくいい面しか見ないで済みますからね。それでも複数で会いたいなら、自分よりしょぼい奴が何人いるかチェックしてごらんなさい。

ただ、嫌な気持ちになりますよ。人に順位を付ける人間をどうだか？　と思っておきながら、自分も人に順位を付けていたことに気づきますからね。順位の付け方は人それぞれです。話をしてて面白いランキング？　性的魅力に溢れてる？　ケンカが強い？　仕事に有利になる？　おごってもらえる？

アナタへ。そんな友人とは付かず離れず、疎遠になることが精神衛生上よいことだと思いますよ。

面白いDVDの見つけ方

レンタルビデオ屋さんで面白いDVDを引き当てるコツを教えてください。僕はいつもお勧めコメントやパッケージを見て、1時間くらい悩んで1本に絞るんですが、毎回外してしまいます。嗅覚の鋭そうな光浦さん、よろしくお願いします。ちなみに『ピエール靖子』は面白かったです。

(なかむらER・32歳会社員・男)

面白いDVDを面白いと思えなくなってるのでは?

アナタのやってることが全てでしょう。雑誌などでチェックしたり、LiLiCoの話をよく聞いたり、店員におすすめを聞いたり、パッケージを見たり、もうそれ以外ないでしょう。アナタは面白いDVDをちゃんと見ているんですよ。面白いものに当たらないと感じるのは、面白いものを面白いと思えない、アナタの感性の鈍さと考えたほうがよいのではないでしょうか？　もう見すぎちゃって、慣れちゃって、どっかで「ああ、またこのパターンか」なんて思っちゃってるんですよ。凡人だからしょうがないと思いますよ。

天才と凡人の違いって何か知ってます？　飽きるのが凡人、飽きないのが天才。天才っつーのは、永遠に同じことをできる人間のことを言うんですって。その道の天才って、ずーっと同じことやってるでしょう？　極めちゃうくらいずーっと努力を惜しまないというか、努力とすら思ってないでしょう？　それが天才。「飽きた」とか「古い」とかすぐ言っちゃうのは凡人の証拠。「面白くない」なんて言うのも凡人。

だって最近つくづく感じるんですが、面白い人ほどよく笑いません？　笑いのアンテナが敏感すぎるから、どこにでも、凡人にはわからない小さな笑いの粒子までもキャッチしちゃうから、あんなに笑うんですよ。ね？　あ、ほんとだ。あの人も、ああ、あの人も！　続々と面白芸人の顔が浮かぶでしょう？

私？　私なんか一日のほとんどをむっつりですよ。そんなに笑ったことないですよ。でもね、でもね、私も昔はよく笑ったんですよ。思春期のときなんか大久保さんの、たけしさんのオールナイトニッポンの雑なマネで死ぬほど笑ってましたもんね。「ねぇちゃんよぉ、タマキン袋のシワがよぉ、バカヤロウ」でゲロ吐くくらい笑ってましたもん。いつの頃からでしょうね、笑わなくなりましたねぇ。社会がそうさせたんでしょうかねぇ……。

あ、ごめんなさい。自分の人生振り返っちゃった。とにかく凡人は凡人ルートを歩みなさい。何も面白くないという時期にさしかかったら、テレビを見ない、ネットも見ないこと。見るならNHKだけ。心を穏やかにすること！ ディズニーランドのスタッフのような人を目標に！ 凡人だから、それにまた飽きますから。したら大抵のDVDが面白くなってますよ。

30過ぎの未婚女性が怖い

傾向として、30歳より上の未婚女性に〝怖い人〟が多いような気がします。僕の家庭内でも職場でも、ちょっとしたことで「～だよね」とチクリとダメ出しされたり、遠回しに否定されたり。ありがた半面、めんどくさいなあと思います。なんでそうなってしまうのでしょうか？（イニシャルK・27歳NPO職員・男）

オーバー30の独身女性はもううんざりしてるんです

アナタの「ありがた半面」という気持ち、よくわかります。しかし「めんどくさいなあ」とはどういうことでしょう？　めんどくさいとは、アナタに何かをそのオーバー30の独身女性が求めましたか？「アナタのためを思って私は心を鬼にして注意したの。だからアナタも私に何かを返して。そうね……。優しく抱いて。今、一回だけ。抱いてくれるだけでいいの。口は固いから」とか言いましたか？　見返りを求めましたか？　したら「めんどくさい」になりますが、ただ注意されただけでしょう？　だったら「ありがとう」または百歩譲っても「ありがた半面」まででしょう。「めんどくさい」という言葉はいかがなもんでしょう。

今、アナタ、私のこと「めんどくさい」と思ったでしょう？　それもお門《かど》違いですよ。アナタのお悩みに真摯《しんし》に答えているんですからね。「ありがとう」または百歩譲って「ありがとう。でも僕の理解力がないのかな？　もうちょっと別のアプローチでお願いします」ですよ。

オーバー30の独身女性に怖い人が多いと？　確かに。モノをはっきり言う人が多いですね。なんでしょう。忙しいんですよ。社会に出て10年、やっと仕事ができるようになるんです。女子は、小学校のときからグループ、グループ、他人にいらぬ気を遣って生きてきた生き物なんです。目立ってはダメ。本心を言ってはダメ。みんなに合わせることが大事。例えば、友人の鼻の穴から鼻毛が出ていても……。「出てるよ」なんて言ったら○○ちゃん傷ついちゃうかしら。どうしよう。そうだ。みんなに相談しよう。ねぇ○○ちゃんの鼻毛出てるんだけど。あ、本当だ。見て見て。あの子、鼻毛出てるよ。でも言ったら傷つくよね。みんな知ってても放っておこうよ。そうしよう。……本末転倒。これじゃイジメだ！

そんなことにうんざりしてるんですよ。仕事が忙しいんです。合理的に生きなきゃ、仕事が間に合わないんです。経験も踏まえ、最も価値がないことをまず捨てます。それが「いらぬ気遣い」なんです。だからモノをはっきり言うようになるんです。注意すべきことがあれば、本人にはっきりと。それが彼のためでもあり自分のためでもあるなら、多少その場はやな空気になってもいいと。身も削ってるんですよ。

でも、そういう女、男は嫌いなのよねぇ。だからモノをはっきり言わない女がどんどん嫁にいってさ。で、公園デビューだなんだっつって、小学校んときと変わらない小さなイジメしてさ。私は全面的にオーバー30独身女性を支持します！

30歳処女のカミングアウト

私は今30歳でまだ処女です。結婚願望はあります。今後、彼氏ができて、いざそういう感じになったときに、「処女なの」って言ったら、やっぱり引かれちゃいますよね？　かといって、付き合う前からカミングアウトするのもなぁ……。うまい切り出し方を教えてください。

（こんなはずじゃなかった・30歳派遣・女）

処女で悩むと、アナタはますます処女になります

私の周りにも処女が多くなりました。ノリで済ましちゃうことを逸した女性が多くなりました。もちろん大好きな彼とが一番ですが、なんでしょうね、男性が「無性に女を抱きたい」と思わなくなったからでしょうかね。

処女って難しいですね。10〜20代では清純という言葉が当てはまるけど、30代になると面

倒くさいにおいがぷんぷんしますもんね。アナタのように「どうしよう。引かれるかなぁ……」って悩む女も面倒じゃない？　自己評価が低い人って、ま、私も含めなんですけど、自分で卑下する分にはいいけど、人から卑下されるとブチギレるじゃないですか？「お前に言われたくないわっ！」って。それか、「私は生きてる価値あるのかしら？」って、そこまで!?　っつーくらい傷つくじゃないですか？　自己評価低いなら人から低い評価されても「そうそうそう。やっぱわかるぅ？」って平気じゃなきゃおかしいのにね。変にプライド高いんですよね。扱いが難しいんですよね。全ての人に「私は人より劣ってるの。弱いの。だから可愛がって」って思うんですよね。

そうです。処女で悩んでるアナタからは、面倒くさい臭がぷんぷんしているので、今後もなかなか彼氏ができないでしょうね。処女なんて、どうでもいいんですよ。恥じることなんてないんですよ。悩むことがおかしいし、ますますアナタを処女にさせているんですよ。「処女です」なんて言わなくてよい。黙ってりゃいいんですよ。あんまりここで言いたくないんですが「あいてててて～！　無理だぁ～！」となったら、ウソをつけばいいんですよ。「ごめん、生理前だから」とか「ごめん、生理後だから」とか。女の体は複雑でナイーブなものです。そして千差万別、個人個人違うんです。そこを大いに利用すればいいのです。「前の彼ともエッチするとき、生理前は痛くって。婦人科行ったら『そういう人、稀にいますね』って言われたの」とかさ。十分でしょ。こんなウソで十分でしょう。「じゃ、やめる？」「ううん、頑張る。我慢できる。あ、我慢はおかしいか。私が、アナタとつながっていたいの」。素敵！　なんて素敵なウソでしょう。

なんですか？　不満でも？　やっとできた彼と初めてベッドを共にするときに「前の彼氏ともエッチするとき」って言いたくない？　遊んでる子だと思われたくない？　じゃ、黙って「あいててててて〜！」ってやりゃいいじゃない。「あ、こいつ処女だな」って思われりゃいいじゃない。

処女で何が悪ぃ！

チャラ男を好きになった

ピッチピチのタイトなスーツを着ている男に、思わず恋してしまいました。靴も尖り気味です。チャラ男嫌いだったはずの私が、ここに来てそういう男を好きになってしまうだなんて、私、どうかしてしまったんでしょうか？　このまま好きになっていいの!?　周囲の目も気になるし、苦しいです。

（たみこ・35歳会社員・女）

だからアナタは今、一人なんです

「別に、好きになりゃいいでしょ」。誰に相談してもこう言われたんでしょうね。しかも面倒くさそうに。だからここにお悩み送ってきたんですね。アナタは周囲の目を気にしているわりには周囲に目がいってないというか……。いいですか？　一回、人の気持ちってのを考えてみましょう。アナタがいい歳こいた女性から「アタシね、自分のタイプじゃない人好きになっちゃった。アタシどうかしてるのかなぁ？」と言われたら、どんな気持ちになりますか？　ね。面倒くせぇなって思うでしょ？「どうでもいいよ」ってなるでしょ？　まずね、アナタは、人の気持ちってのをわかる人になりましょう。

ピッチピチのスーツや尖った靴の人と一緒に歩くのが恥ずかしいのですか？　周囲の目を異常に気になさっているようですけど、なぜ？　完全にホストにカモられてるOLに見えちゃうからですか？　若い男を金でなんとかつなぎとめてるOLって思われるからですか？　自分の見え方気にしてたら恋なんてできませんよ。35っていったらいい歳ですよ。独身でしかも恋人いないとは、なかなかのもんですよ。かっこばっかりつけて、恥かくのはイヤって。だから今、一人なんじゃないですか？　いいですか？　いい歳こいて、人を好きになる感情すら人の意見を気にするって、そっちのほうがよっぽど恥ですよ。自分の恋心くらい自分で守れ、ばかものよ。

自意識過剰な人って、ぺらぺら喋りますよね。なんでしょうね。自分のいいとこを知ってもらいたくて、好きになって欲しくて、評価されたくて、ぺらぺらぺらぺらつまんない話、自分のことばかり話すんですよね。四六時中自分のこと考えてる自分ほど、他人は自分に興味がないんです。それを忘れちゃう。だからたとえ自分のいいところを100パー伝えられたとしても、薄くて当然の相手の反応に、「あれ？　まだうまく伝わってない？」って焦り出すんですよね。もっと、もっと言葉を足して、自分のいいとこ評価してって、ぺらぺらぺらぺら……。気づけば、結果、嫌われてる。そこで止めときゃいいのに、取り返そうとますます、ぺらぺらぺらぺら……喋れば喋るほど嫌われる泥沼に。
ああ～。それは昨日とおとついの酒の席での私だよ。いや、いつもの私だよ。ああ、好かれたいだけなのにぃ。

人から好かれたかったら、まず人を好きにならなきゃ。好かれたら好きになるもんね。こだまでしょうか、いいえ、誰でも。

貧乏ゆすりが止まらない

職場で貧乏ゆすりが止まりません。光浦さんは、貧乏ゆすりをする男性をどう思いますか？　貧乏に見えますか？　潜在意識の「ここから逃げたい」という思いが、貧乏ゆすりを起こしていると聞いたことがありますが、理解していても止まらないのです。

（サラリーマン春乃・45歳会社員・男）

貧乏ゆすりする男と、私は結婚したくありません

貧乏ゆすりする男ですか？　貧乏だとは思いませんけど、イメージですよ、結婚してから威張りそうだな、とは思います。だから結婚したくないな、と思います。なんつーの？　貧乏ゆすりって、肝《きも》の据わった男ってしませんでしょう？　アナタも言う通り「ここから逃げたい」と思っちゃうような、なんか神経質というか、繊細そうな人がしてません？　で、神経質で繊細な人、特に男って、外では気遣うくせに家ではすんげぇ威張りません？

クラスにもいたでしょう？　ぶっちゃけ女子の私でもケンカ勝てそうな弱い男子が、ジャスコでお母さんにどえらい威張った態度とってるの、見たことありません？「バニラ！バニラっつってんだろ！」とか。家の前通ったら、偶然「ソロバンは行かねぇのっ！　ババア～！」と、高っいどなり声が聞こえてきたりとか。

とにかく、内弁慶なんですね。だから、そんな男と結婚したら大変ですよ。結婚したとたんに態度変えてきますからね。お母さんと思って、甘えてきますからね。神経質なヤツの「甘える」って「威張る」ってことですからね。まあ、妻の私に威張ってくるんでしょうね。「おい、あれ」とか「おい、それ」とか。名前も呼ばなきゃ、いつも命令口調で。私だって怒りますわな。「私のこと家政婦だと思ってるの！」って。「結婚したらこの態度。釣った魚にはエサをやらない派？　アナタの稼ぎだけでやっていければ文句も我慢しますよ。でも、共働きじゃない。少しは家事手伝ってよ」。ケンカになりますわな。でも気の弱いヤツだから、私が理責めしたら、すぐ手を出してくるんでしょうね。子供の頃ケンカしてこなかったヤツだから、叩き方知らなくて。平手打ちが耳に当たって速攻、鼓膜破られるんでしょうね。やだ！　鼓膜を破られるのはやだ！　聴こえにくくなるもん。だから、貧乏ゆすりする男とは絶対に結婚しない！

しかし、貧乏ゆすりする人が貧乏ゆすりを治したがってるとは思いませんでした。先日飛行機の隣の席に座っていた、口を開けてガムをくちゃくちゃ嚙むオヤジのように、エチケットという概念のない生き物だと思っていました。

貧乏ゆすりねぇ……。じゃ、両ひざに手を置き、貧乏ゆすりに合わせて手でひざを叩けばいいと思います。素人は、「この人ドラマーかな?」と思うはずです。

妊婦を車に乗せたくない

妊娠8カ月で退職する後輩と女子スタッフ全員で、車でイタリアンを食べに行くことになったのですが、最年長スタッフ（来年50独身女）が「妊婦は車に乗せたくない」「でも私が言うと感じ悪くなるから貴女からうまく話してよ」と頼まれました。冗談じゃねーよ。とも言えず困ってます。

（くもとりまちこ・年齢不詳パート・女）

車で送ってくれる人の気持ち考えてみましょう

私は免許を持ってないので、いつも人に乗っけてってもらう立場なんですが、常々思いますもん。「いいよ。送ってくよ」って言う人が世の中で一番優しいんじゃないかと。許されるなら、私はアッシー君を本命にした恋愛をしたい。

人乗せるって、人の命預かるんですよ。そのプレッシャーたるや。送り迎えって、誰よりも早く家を出て、誰よりも遅く家に帰るんですからね。働き者かっ。バス遠足の帰路、家の近い子から、順々に降りて行った経験ありません？　あのときのバスに残るほうの気持ち、寂しいったらありゃしない。取り残されるんだよ。それを車運転する人はいつも経験してると思うと、抱きしめてあげたくなります。一人じゃないよって。

そして正味な話、地味にガソリン代かかりますからね。でも「ガソリン代ちょうだい」とは言えませんからね。セコすぎるから。精一杯の抵抗が、コインパーキング出るとき「あ、小銭持ってる？　ちょっと貸して」くらいですもんね。１００円か２００円受け取って「後で返すね」「あ、いいよ、いいよ、それぐらい」と上から言われるくらいですもんね。正味な話、パーキング代、もっと払ってるし、つーかお前、車に乗ってないで、この自販機みたいなお金払うとこ来て金額見てみろや。東京の土地代は高いぜよ。なめたらあかんぜよ。気を遣って、体を使って、金を使う、これが人を車に乗っけるということです。だから私はいつも「すまないなぁ」という気持ちで「ガソリン代払おうか？」と言うと「いらないよっ！」と怒られます。なんかプライドを傷つけたような形になります。

最年長の気持ち、わかります。だって、その上妊婦さんを乗っけるだなんて。けっこうな段差をゴットンとやったとき、私たちなら「ケツ痛《いて》ぇ」で済むところを、妊婦さんじゃえらいこっちゃになることもありますしね。段差を避ければいいとおっしゃりますが、不測の段差ってのがこの日本にはいっぱいありますからね。最年長のおばさんに、これ以上の負担をかけてはいけないよ。

仕方ない。妊婦さんに自ら「乗りたくない」って思ってもらうしかないね。こう言うか。「あのおばさん、最近タバコ始めたよ。運転中すっごいタバコふかすけど大丈夫？　それに実は車乗ると性格変わるタイプでさ、運転荒い、荒い。こないだもこすったらしいよ。あれ、いつかやるよ。……で、乗る？」と。妊婦さん退職するんだよね。もう、会わないからいいだろ。

私は和を保つのがほんとに苦手。ごめん。てへっ。ぺろぺろ。

男性へ憧れる気持ちの保ち方

私は筋金入りのデブスです。努力の末に結婚できましたが、旦那から「やっぱり無理」と言われ離婚しそうです。就職も厳しいので、再婚したいと思います。どうしたら男性に対して憧れを持ち続けられますか？　男性の心ない発言にへこんだ時、どうやって気持ちの切り替えをしていますか？

（おまけに貧乳・35歳無職・女）

本心を言われないほうがよっぽど辛いですよ

逆に私が聞きたい。どうしたら結婚できるのですか？　努力ってなんですか？　私はアナタと違って、常に男性に憧れを持ち続けていられますよ。現場であった男前の俳優さんや、喋ったら気さくだったミュージシャンや、サービスに1品出してくれた飲食店の人や、すぐ好きになりますよ。片思いの相手は常に3〜4人はいますよ。世間がどれだけ私のことを非難しようとも、だいじょうぶだぁ〜と私を見て笑ってくれる、大きくて強い人がいつか私のことを迎えに来ると信じてますよ。でも、私は結婚どころか、お付き合いすることすらできませんよ。

男性からの心ない発言ですかぁ……。カメラが回っていれば笑いになるので全くウェルカムなんですが、私生活でねぇ……。逆に何も言われなくなりました。歳なんですかねぇ……。もう、笑えないんでしょうかね。私から必死感が出すぎちゃってるんでしょうね。

最近、いいなぁと思う男性がいました。友人らと複数で飲んでいました。なんかいい感じで、今度一緒に映画に行こう、となりました。それを聞いていた友人の一人が冗談っぽく「光浦のこと抱けます？」という質問をしました。答えは「ご本人の前でそんな。失礼ですよ」でした。

翌日、彼から「急に仕事が入りました」とドタキャンメールがきました。それ以来、音信不通です。「ご本人の前でそんな。失礼ですよ」の後、心の中で彼は（抱けないってハッキリ言うのは）と続けていたんですね。言ってくれてよかったのにぃ。ぬか喜びせずに済んだのにぃ。

その彼とは別に、飲み会で、年上好きの若い男の子と意気投合しました。今度デートしよう、という話になりました。後日、改めて日にちなどメールすると「急に仕事が入りました」と断られました。彼の言った「俺、年上大好きっす」の後には、(黒木瞳とか、キョンキョンとか、飯島直子とかぁ?)と続いていたんですね。はっきり言ってくれればよかったのにぃ。年上じゃなくて、美人が好きなんだと。美人なら歳に関係なくみんな好きだ、と。

アナタ、気を遣われるほうが嫌だよぉ? 心ない発言されたら、そんなこと言うような低レベルな人間なんだって、すぐ嫌いになれるでしょ? 見下しゃいいのよ。でも悪いとこない男を嫌いにはなれないよぉ? 辛いよぉ? とりあえず今は、どちらも急に仕事が入るほど、日本の景気が上向きになってるんだって、ああそれはいいことだ、と無理くり納得させてます。

バツイチを告白するタイミング

気になる女性に対しては、バツイチであることをなかなか切り出せません。デートをしていい感じになってから伝えています。リアクションは様々です。ただし、良心として肉体関係を持つ前には伝えるようにしています。最適なカミングアウトのタイミングを教えてください。

（お徳用マッチ・34歳クリエイター・男）

アナタのタイミングはとってもずるいと思います

今のタイミングがベストだと思いますよ。アナタ34歳ですもんね。バツイチを武器にするにはちょっと早いですもんね。バツイチが武器になるのは40過ぎてからですもんね。その辺、ご自分で十分にわかってらっしゃるのでしょう？　アンダー34でバツイチだと、勘ぐりますからね。「ちょっと早いなぁ。堪え性がないのかな？　奥さんが性悪だったのかな？　浮気？　いやいや、コイツなんかあんのかな？」と。

しかしアナタはうまいですよね。ある程度好きにさせといて、もうHしたくてしょうがないとこまで引っぱっといてバツイチを告白するなんて。もう、肉欲に火がついちゃってるんですよ。バツなんかあろうがなかろうが、どうでもいいですもんね。私だったら、好きになった男からバツイチだと告白されたら、１００パー元女房が悪いって思いますもんね。「私がこの人を幸せにする！」って、負けん気にまで火つきますもんね。ずるい。アナタずるいくらい賢い。

逆にHの前にバツイチだと告白して、リアクションが薄い場合は薄い場合で、アナタは得ですもんね。ああ、別に結婚に興味ないんだ、今はHを楽しみたいだけなんだ。こいつぁ気楽でいいや、と。男性の最も嫌いな「責任」を取らないでHだけできますからね。

アナタ職業クリエイターなんですか？　おモテになるんでしょう？「リアクションは様々です」の一文からすると、離婚してから数人の女性と関係をお持ちなんでしょう？　あぁ、なんか悔しくなってきた。いいなぁいいなぁいいなぁ。40になったら今度は上手にバツイチを利用するんでしょうね。40過ぎて未婚って、コイツなんかあるぞ？　って思われますからね。女もそうですよ。バツがついてるくらいがモテますからね。40過ぎて恋愛経験少ない、お堅い、はどんどん縁遠くなりますからね。

あの大久保さんにも私は負けますからね。負ける理由は、私のお堅いイメージだそうです。関係を一度でも持ったら「責任取って」と言いそうなんですって。大久保さんのほうは心《しん》から H が好きそうで、ただただヤリたいんだなって、男性は気が楽なんですってね。その上私は細かそうで「おチンチンの形が変だ！」とか言いそうなんですって。言いませんよー。比べるほどおチンチン見てませんもの！　だったら見せてよ。平均値が出せるくらい、アナタのおティンを見せてよ～！

どんな女も二面性があるのです。今日は、娼婦の靖子のお喋りが過ぎたようです。

アンチエイジングへの複雑な気持ち

最近よく「劣化」という言葉を聞きますが、あまりにも老化に対してびびり過ぎなのではないでしょうか？「20歳の顔は自然の贈り物。50歳の顔はあなたの功績」とはシャネル創業者のココ・シャネルの名言です。とはいーつつも、アンチエイジングについ走ってしまう自分もいて複雑です。

（ロクサーヌ・34歳職業不詳・女）

せーのでアンチエイジング止めましょうよ

全くアナタと同じ意見です。アンチエイジング、アンチエイジングうるさいです。特にお肌ね。たるみ、くすみ、シワ、シミ、毛穴、そんなに罪ですか？と問いたい。肌が汚い人間はダメみたいな扱い、なんとかならないですかねぇ。「あの人、生で見たら肌汚かったよぉ」。このセリフ何度も聞いたことあります。しかも鬼の首取ったりな言い方で。肌が汚いことは罪ですか？

最近は美魔女なんてものまで出てきましたでしょ。年のわりにキレイだ、という生き物。キレイでうらやましいよ。でも、なんつーの？　これ以上フィーチャーしちゃいかんというか……。その美魔女がタレントになったり、女優になったりするのはいいと思うんです。逆になって欲しいです。そうなれば、虚構の世界の生き物だから、私らとは違う生き物だから、と諦めがつきますでしょ。でも、素人として、一般の主婦としてメジャーになることが怖いんです。美魔女の数がどんどん増え、美魔女という生き物が市民権を得ると困りますよ。男たちは、女は40、50になってもお肌ツルツルじゃなきゃ許さなくなりますよ。「だって、あの人らはキレイじゃんか。お前の肌は汚《きたね》ぇな」と50の女をつかまえて、たった一つのシミについてブツブツ文句を言いだしますよ。そんな世の中になりますよ。かつてオバタリアンという言葉が流行ったときのように。あのときはオバさんはずうずうしくていいんだ、と逆に開き直れて楽だったけど、今回はオバさん、辛いよ。美肌にあらずんば人にあらず、な時代が来るんですよ。ああ、怖い。女はバアさんになっても必死こいて美容液を塗りたくらなきゃいけないの？　ああ、自由になりたい。

これはなんすか？　企業の陰謀？　そうよ。絶対そう。バレンタインデーの義理チョコを嘆いてるのは、女性のみなさんじゃないですか。また企業の陰謀にはまるんですか？　みんな、せーので、アンチエイジング止めましょうよ。え？ これは企業じゃなくて、裏でアメリカが動いてる？ 風の噂で聞いたけど、肌が赤ちゃんのようになる薬が開発されてるのに、わざと出さないって本当？ 西海岸に○○が通うすごい皮膚科があるって本当？ 女優の○○はドラマが終わると、1週間ホテルにこもって一皮を剝ぐって本当？ あっ！ いかん。やっぱり美肌になりたい。だってハイビジョンだもの。

色白なのと凹凸のない顔面のおかげで、自らがレフ板となり、なんとかごまかしてきましたが、もうヤバイです。ドラマの現場ですっぴんの私を見て、加藤清史郎君が心配してくれましたもん。「だ、大丈夫？ 病気？」って。絶好調に元気だよ。

好きな人がゲイ

この人となら結婚できるかな？　という相手が一人います。その人は、人として尊敬もできるし、私の良き理解者でもあるんですが、ゲイなんです。結婚と恋愛を割り切って、それぞれ彼氏がいる、という結婚生活って光浦さん的にありでしょうか？　ご意見どうかお願いいたします。（たいふーん・35歳証券・女）

片方だけ彼氏がいる状態。アナタは許せますか？

そのような結婚をして、うまくいってるカップルも知ってますし、破局したカップルも知ってます。アナタが魅力的であり、強い女の人だったら、その結婚、うまくいきます。が、「私は、あんまりですかねぇ……」って女の人だったらやめたほうがいいと思います。

それぞれ彼氏がいるってことが引っかかるんですね。ゲイの方って、結構お年の人でも現役バリバリで恋愛してる人、いるじゃないですか。それに比べ、結構お年の女性で恋愛してる人、いないじゃないですか。噂に聞くくらいで、周りに実在します？　将来、ゲイの旦那さんには彼氏がいるけど、自分は一人ぼっち、という状態を快く引き受けることができますか？　と、私は心配しているのです。

現在、アナタはお一人なんでしょうね？　だから、ゲイの方と結婚してもいいや、と思ってるんでしょうね。今が続くだけ、と。違う違う違う、そうじゃ、そうじゃない。人って関係性が近くなればなるほど比べません？　例えば子供の頃、ある国の子供がみんなローラースケートを持っている映像を見た。いいな、そう思うだけだった。クラスの金持ちの子がローラースケートを買ってもらった。いいな、と思うだけだった。でも、仲良しの子がローラースケートを手にした途端、母親に買って買ってと泣きつくようになり、なんで自分だけ持ってないんだ？　と思うようになり、なんだか人生が、運命が、世間が、なんかいろいろずるいと思いませんでした？

例えば私で言うと、舞台やって大久保さんだけが褒められると腹立つんです。飲み会で大久保さんばかりが性格がいいなんて褒められてると、すんげぇ腹立つんですね。「面白い？台本書いたの私ですけど！」「性格がいい？　アナタには一面しか見せてませんからね！」とか言っちゃうんです。止めときゃいいでしょ？　自分の評判下げるだけですから。でも流せないんですもん。近いから。近すぎるから。どっちが上でもどっちが下でもないの。

なんつーの？　コンビは夫婦みたいな関係だ、って言うじゃない？　だから夫婦もさ、他人のうちは許せても、結婚したら、同等って考えるようになるんじゃない？　同じに等しいで同等。自分はあなたのために籍も譲ったのに、あなたは外で男といちゃいちゃしやがってずるい、ってスイッチが入らないって約束できる？　自分にとっては一番近い人なのに、相手にとって自分は二番目って受け入れられる？　私だったら腹立つと思う！

なぜだろう。何かを伝えようとするといつも自分の嫌なところをさらけだしてしまう。

お金持ちのママ友

新しくできたママ友は、豪華な一戸建てに住んでいて、高級家具ばかりで、子供のおもちゃもドイツ製で、ベビーカーも舶来ものです。それに比べてうちはお下がりばかり……。その方はとても気さくで良い人なのですが、やはりママ友は同程度の生活レベルで探すべきなのかと悩みます。どうなんでしょう?

（ぽん吉・33歳主婦・女）

金持ちから良いモノいっぱいもらいましょう

アナタねぇ、金持ちと仲良くしたほうがいいに決まってるでしょ。本当の金持ちは、性格良いからね。私もごくごく少数ですが、金持ちの人を知ってます。成金じゃなくて、生まれたときからの金持ちね。ぶっちゃけ、うらやましいよ。幼少期から良いもの見れて、食べれて、体験できて、文化レベルの高さに憧れたりしますよ。ズリィなぁ……なんて思うこともあります。

　でもね、悔しいかな、本当の金持ちは性格が良い。人の嫌なとこスルーして、いいとこだけ見ようとしてくれるのね。一般成人女性より比較的「妬み」の成分が多い私ですら、悔しいかな、好きになりますから。本当の金持ちは、性格があっけらかんとしてる。アナタが悩んでるようなことは、彼らからしたら屁でもありません。お高いレストランでランチしたときアナタにご馳走すること、逆に、アナタのレベルに合わせファミレスのドリンクバーで3時間過ごすこと、どっちもなんとも思わない人種です。たまに「あれ？　何も響いてない？不毛地帯？」てなこともあるくらい、大らかな人が多いです。ボケたりしても、たいてい通じません。こちらのテッパンネタは、ことごとくキョト〜ンです。バカかな？　と思わせといて、何カ国語も喋れたりします。

　アナタ、金持ちの奥さんと仲良くし、ゴシップ以外の文化に触れましょう。そして、変なプライドは捨て、良いモノをいっぱいもらいましょう。このモノとは、物、ブツです。お古は正しい。リサイクル。地球に優しい。悪いとこなんにもない。同じお古もらうなら、堂々と金持ちから、良いお古をいただきましょう！

　お金持ちの男友達の別荘に遊びに行ったことがあります。その子のファミリーと一緒に。私が夕食のバーベキューのお手伝いをすると「みっちゃんは頭がいいから、本当に手際がいいのね」とママにえらく感心されました。お庭でバーベキューが終わり、みんなでトランプをしました。ママがおっちょこちょいなミスをすると、みんなが笑いました。誰かがママに意地悪な攻撃をすると「もうっ」とむくれ、またみんな笑いました。そんな中、お隣さんが挨拶に来ました。「マドレーヌを焼いたのでどうぞ」と。友人ファミリーは全員で玄関に行き「お久しぶりです」「あら、大きくなったわね」てな会話を、思春期真っただ中、世の中クソくらえな年頃の弟も立派にしていました。私は感動しました。金持ちは、本当に漫画みたいな暮らししてんだぁって。

アナタへ。そのママ友が、真の金持ちか、金持ちのとこに嫁に行ったにわか金持ちなのか、きちんと見分けましょう。

旦那が怖い

家に怖い人（旦那）がいます。それが嫌で家を出て、ドロンして、もう24時間が経ちました。子供の遠足もブッチしてしまいました。私はＰＴＡで遠足担当だったにもかかわらず……。あー、いろんなことが怖くなりすぎて、ますます家に帰れない。この状況どうしたらいいのでしょうか？

（チャンギントン・32歳主婦・女）

ＰＴＡはとにかく平謝り！　旦那は一息ついた頃狙いで

わあ、すごい。今、逃走中なんですね。すごい！　すごい！

ＰＴＡのほうはなんとかなるんじゃない？　とにかくまず、平謝りよね。謝って、謝って、「自分の不注意でした」って心から謝るのよ。で、次に「携帯を失くしてしまって、連絡がすぐに取れず、ご迷惑おかけしました」ってすんげぇ謝るの。あんまり謝るから、「あ、ちょっと可哀想だな」と思うくらいね。そんな空気を感じてから、じゃ、なんで携帯を失くしたのかというと、「実は、子供を送り出して、いざ自分が出かけようとしたときに道端でクラクラッときて倒れてしまいまして……」って言うのよ。最後に仮病を持ち出すの。あくまで「理由は？」と聞かれたから言うけど、本当はそんな言い訳したくなかった、を装いつつね。「気を失ってたみたいで、通行人の方に起こされてなんとか家に帰ったけど、どうやらそのとき携帯を落としたようで……私の不注意ですっ！」で土下座ね。

普通、女の人だったら「頭打ってない？　病院行った？」の「大丈夫？」祭りから「貧血かなぁ？」などの病名当てクイズ大会に変わり、「実は私も……」と病気自慢に変わるはず。病気の話になったら、親御さん、お姑さんの愚痴は時間の問題。アナタのことはすぐに忘れるから。つーか、「倒れるまで私たち主婦は働いてるんだ！」となんか社会に対する怒りに変わるから。早くみんなを集めてお話しして！　一刻も早く〜！

さて、難しいのは旦那よね。帰る時期。今帰ったら殺されるね。今はきっとてんやわんやで、忙しいと余計イライラするから。寂しさを感じる余裕ができ、家事ってこんなに大変なんだ、俺も悪いとこあったな……なんてふと思った、その一瞬狙いね。それを逃したらもうダメね。一生、事あるごとに蒸し返されるね。

怒りん坊の人って、とりあえず何でもできるって人が多くない？　広く浅〜くね。私が思うに、変にできるから、家族、店員、口開いてるバイト、いろんなことに腹が立つのよ。「なんでできないんだろう?」ってまず疑問から始まり、「手抜きしてんのか?」に変わり、「あ、そうか、自分のことバカにしてんのか?」になり、「なんだとっ! 自分には人権はないのか!」って、被害妄想に変わって怒っちゃうのよ。だから、怒りん坊の旦那が、家事と子育てをこなすようになるのも時間かからないと思うの。ひと月したら、手遅れじゃない?

2週間、この辺りがアナタのありがたみを最も感じてる頃じゃないかしら?

ただね……。この原稿、書くでしょ。出版されるのが、約2〜3週間後になるのね。アナタの目に届く頃には……間に合うかなぁ?

動物愛護の範囲

子供が砂場でダンゴムシをプチプチ殺して遊んでいたので「動物だって生きてるのよ。殺しちゃダメ」と止めさせたのですが、後日、私が台所でゴキブリを殺していると、逆に子供に止められました。「ゴキブリはいいの」と返したもののモヤモヤが残ります。どこまでが動物愛護の範囲になるのでしょうか?

（満月・37歳主婦・女）

生き物殺しちゃダメだけどゴキブリ殺していい理由

そうですね。世の中には何事も例外があります。でも、「原則的」なんて便利な言葉を教えたら、「今回だけは……」と何事も守らない子供になっちゃいますもんね。そう、まるで今の政治家たちのように。今、私、チクリとやってやりましたよ。

さて困った。純粋で融通の利かないお子様を納得させるのは……。「虫も動物も生きているから殺しちゃダメ」。これはいいと思います。わかりやすい。でもそう言うと「じゃ、なんでゴキブリは殺していいの？」ときますわな。そしたら……こう答えましょう。

「わからないよね？　ゴキブリというのは害虫なの。害虫というのは、人の生活に直接的、間接的に害を与える虫なの。じゃ、害ってなんだろう？　損なったり、妨げたりすることね」。こんなようなことを答えましょう。説明しながら、煙に巻いていってください。

「順調な生存がジャマされちゃうのね。直接的、間接的にね」。漢字をたくさん使い、どちて坊やが息切れするまで頑張りましょう。

「あ、直接的っていうのは、間に何も挟まないさま。じかってことね。間接的は何かが間に立った状態で物事が行われたり関係したりするさまね」。もう、辞書を丸読みしましょう。

「わかんない！」ときたら、ほぼゴール。こう答えましょう。

「子供には、殺していい生き物と殺してはいけない生き物、殺していいとき、殺してはいけないときの違いはわからないよね。お母さんがゴキを殺してたから、お友達がゴキを殺してたから、そんなのは理由になりません。すごく難しいの。自分でちゃんと理由がわかるまで、子供は、生き物はぜ〜んぶ殺しちゃいけないのです‼」

　これでどうですか！

責任転嫁？　説明できない親が悪いんじゃない、わからないお前が悪い、にすり替えちゃえばいかがでしょう？

しかし……。あ、なんか、怖くなってきた。殺していい理由？　そんなのないよね。そもそも害虫だから殺していいのか？　人間中心の考え方でいいの？　どうしよう。子供が考えに考えて、とんでもなく恐ろしいシリアルでキラーな理由を見つけてきたら。自信満々に虫殺す子になっちゃったら。きゃーーーーー。やっぱ、無理、無理、無理。所詮《しょせん》私なんて、他人の子をいいとこどりで可愛がってるだけの独身貴族です。命にかかわる質問は無理だよ。申し訳ないが、本人はいい加減なくせに息子が立派に成人した飲み屋のママに相談するか、流行りの『地獄』って絵本見せて、都合が悪くなったら「地獄に落ちるよ！」の一言で黙らせてみたらいかがでしょう？

プレゼント選びのセンス

彼女にも職場の女性にも「プレゼントを選ぶセンスがない！」とボロクソに言われています。あまりに言われるので、プレゼントしたくてもできない〝プレゼント恐怖症〟になりそうです。センスあるプレゼントとはどういうものなんでしょう？　厳しい目を持ってそうな光浦さん、教えてください！

（ピー助・30歳職業不詳・男）

全くセンスない人のための間違いのないプレゼント選び

アナタ、モノをもらっといてボロクソに言うって、余程のことですよ。相当センスないんですね。多分、ここで何かアドバイスしたところで、センスが良くなるとは思えません。なので、間違いのないプレゼント選びというのを教えたいと思います。

ひとつ目「お金」。ボロクソに言い合える仲です。手っ取り早くて合理的。体裁悪いなんてことないでしょう。お金をあげましょう。それが嫌なら、一緒にお買い物に行って「××円までだよ」とはっきり金額を提示し、好きなモノを選ばせましょう。つまらないがこれがアンパイです。

2つ目「ブランド物」。高級品を嫌いな人、見たことありません。人は自分の金で買うから「ブランドとか興味ない。逆に恥ずかしくない？」なんて格好つけますが、人が買ってくれるなら、しかも、いくらでもいいと言われたら高いほうを選ぶに決まってます。「いや普段、自分で買わないからさ。こういう機会がないと選ばないじゃん？　面白くない？　こういう自分にないセンスってのも。たまにはさ？」などと言い訳をいっぱいこいて、安心のブランド、みんなが大好きブランド、みんなが欲しがるブランドを選びます。そう、ヴィトンやプラダやシャネルやエルメスや、デパートの1階に入ってるやつがいいんです。で、そこで何を選べばいいか？　そこはセンスのないアナタのセンスで自由に選んでください。多分、使い勝手の悪い、決してヘビロテにならないトンチンカンなモノを選ぶでしょう。「靴べら？　小皿？　ああ、ペンダントヘッドか」みたいなモノでいいんです。〝誰よりも高いモノを持っている〟。これはひとつの優越感になります。〝実は高い〟は自信になったりするものです。ブランドさえ間違わなければ、アナタのセンスで選んでよし。ただ、えらい出費します。

3つ目「持ってるモノ」。アナタ、センスがそこまでないって、多分、絵下手でしょ？　視覚的なこと、ぐんとダメでしょ？　色彩感覚とか小難しいことじゃなくて、見たもの、覚えられないでしょう？　だったら、彼女や職場の女性が持っているモノと全く同じモノを買えばいいんです。アナタの能力をもってしたら、同じようなモノを買うのが精一杯でしょう。彼女らからしたら「あら？　アタシの好み、よくわかってるね」になりますから。アナタが思う、全く同じモノをプレゼントしなさい。全く同じモノですよ。

おじさんを優しく殺す

最近、ことあるごとに「ワイルドだろう〜?」と言ってくる中年のおじさんで沸いています。どうしておじさんはこれをそんなに言いたがるのでしょうか? あと、そう言われた時の正しいリアクションを教えてください。なるべくおじさんを傷つけないように、優しく殺せるやつをお願いします!

(ミーコ・24歳キャバクラ・女)

おじさんはね、喉がかゆいんですよ

おじさんには「ワイルドだろぉ〜」て音程が、最後に声が裏返る感じが、気持ちいいんでしょうね。カラオケで、おじさんらって変にねぶるように歌うでしょ? 小節の最後いちいち鼻声にするような。1個変なクセ足すでしょ? でもそんな歌い方すると若い女性から「気持ち悪い」って引かれるでしょ? だからそうそうできないんです。でもスギちゃんの

「だろぉ～」が、まさに、そのねぶり歌唱法にそっくりだったんですよ。「あ、こりゃいい。日常に手軽に持ちこめる」って、おじさんはみんな「ワイルドだろぉ～」て言い始めたんですよ。

じゃ、なんでおじさんはあんな変な歌い方するのかって言うと、おじさんは常に喉がかゆいんですよ。だから街で「ウンッ！　ウンッ！」てでっかい音たてたり「ハンガッ　ハンガッ」みたいな表記の難しい音をたてたりするんですよ。でも、そんな音たてたら、老若男女たいていの人から嫌な顔されるでしょ？　だから本人らは、本当はしたくないわけですよ。そこで編み出したのがねぶり歌唱法だったんです。小節の最後、いちいち声を裏っ返すと、喉のかゆみが軽減されるんですよ。大発明でした。しかし難点がありました。常に喉はかゆいのに、常にカラオケはそこにない。カラオケで歌っているのを見た若い女に100パー気持ち悪がられる。困った。そこに救世主スギちゃんが現れたんです。おじさんはみんな普段使いのできる「ワイルドだろぉ～」を言い始めたんです。

じゃ、なんでおじさんは常に喉がかゆいのか？　それはストレスですよ。女房、子供、部下にバカにされてたら、体おかしくなりますよ。私も含め、女は体温調節が下手になるのと一緒で、おじさんは喉がかゆくなるんじゃないでしょうか。私は今、どこへ行っても、適温というのに巡り合えません。いつも「暑いっ！」か「寒いっ！」て言っています。点けたり、消したり、エアコンと全く気が合いません。そんなとき、みんな私を無視します。誰か一人でいいから優しくしてくれないかな、なんて思ったりします。いや、優しくしなくていいから、嘘でいいから「わかりますよ」と一言、誰か私を肯定してくれないかな、なんて思ったりします。

そう！　それだ！　今度おじさんに「ワイルドだろぉ～」と言われたら、一言返してあげてください。「わかりますよ」って。

「ワイルドだろぉ～」

「わかりますよ」

きっと、おじさんはアナタのぶっとい客になるでしょう。

怖い40代独身女性の上司

会社の上司が怖過ぎて（40代独身女性。ブログの文章の語尾が「ございます」）、新人がうつ病になり、医者から2カ月の療養を言い渡されました。過去5人の部下を潰してきた彼女ですが、今回も「アイツが弱いだけなのよ」で終わりそうな感じです。どうやって反省させたらいいのでしょうか⁉

（ジョン・32歳会社員・男）

会社で孤立する女上司。敵意は敵意で返ってきます

その女上司、もう自分が職場から嫌われていることを十分わかってますね。みんなとなじみたいのに、なんかどうしようもないところまで来ちゃって、孤立しちゃって、戦い続けるしかないみたいな。意固地になってる気がします。だって、40代で独身でブログやってるんだよ。きっと話をしたいし、同意して欲しいし、慰めて欲しいんだよ～。会社ではわかって

もらえなくていい、ブログでわかりあえる人たちと交流できてるもん、は言い訳だよ〜。きっと。

人には選手タイプと監督タイプがあるように、できる部下ができる上司になるわけじゃないからね。彼女は仕事のできるいい部下だったんでしょうね。でも、上に立つ器じゃなかった。仕事でミスが起きるのは、全て部下ができないからだと思っちゃうのね。なぜなら、彼女が部下だったとき、簡単にできちゃったから。ミスなんてしなかったから。「人はアナタが思うよりポンコツだよ。アナタが人より優れてたんだよ」って、褒めながらコントロールする、ロマンスグレーの上司がいればよかったのにね。彼女は自分が思ったより人にプレッシャーを与えるキャラだと気づいてないんだね。「ただでさえ緊張してる部下にプレッシャー与えてどうすんの？　バッカじゃないの？」。それをはっきり言ってあげるオカマの友人とかいればよかったのにね。こんな末期になる前に。

つい……私は、会社で孤立する女上司と自分を重ねてしまいます。

私はテレビで意地悪を言うイメージが強いんでしょうね。10代20代の子に、おっかなびっくり接せられます。私は何もしていないのに遠くから第三者に「いじめてるよ〜」と言われ、立っているだけで加害者にされてしまいます。冤罪だから私は言います。「私がなにした？」。10代20代の子が「怖〜い」と言って泣きだします。本当の加害者になったようです。

こんなことが続くと、周りの人間が敵に見えてきました。警戒心いっぱいの私と接した人間は「感じの悪い女だった」と口々に言います。ほらまただ。立っているだけでどんどん嫌われてゆく。だったら、存在を消そう。そうしたら嫌われることもなかろうに、と、誰とも目を合わせない、話もしない、気配を消す努力をしていたら「無視された」と文句を言われました。どうすればいいの？

ザ・どつぼ！

全てが悪いほうへ、被害妄想でいっぱいの時期の私です。しかし、そんな私を変えてくれたものがあります。それは、エロい妄想です。ある男性とデートの約束をしました。実現するかどうかもわからない口約束ですが、それ以来、私は四六時中エロいことを考えるようになりました。エロいことを考えているので自然と目じりが下がり、鼻の下が伸び、コミカルな顔になるようで、怖いと言われる回数が減りました。リアルに、細部までエロいことを考えるので、頭の中は大忙しで、人がどんな接し方をしてこようが、適当に流すようになりました。人は「なんか雰囲気変わったね」と好意的に捉えてくれるようになりました。ただエロいことをずっと考えているだけなのに。相手が優しいと自分も……。靖子のガッチガチだったモノが、トロリと溶けだしたようです（エロい感じで読んでね）。

アナタへ。人は両思い。敵意は敵意で返ってくるから、折れさせたいなら、まず折れて。その女上司に、男を紹介したらいかがでしょう？　たかが下ネタ。されど下ネタ。子供はなにも教えてもらってないのに、下ネタで笑います。なにか、下には平和の粒子がいっぱい含まれてるんですよ。女上司が私のようにエロいことばかり考え、隙ができたときに、アナタが伝えるべきことを、真摯に伝えたらいかがでしょう？

彼氏の影響で変わった友達

洋楽好きの彼氏ができた影響で、今まで聴いてなかった洋楽を、上から目線で私に語ってくるようになった親友のA子。知ったかが猛烈に許せず「この経歴詐称女！　お前をこれまで勇気づけてくれたmihimaru GTに謝れ！」と糾弾してしまい、それ以来疎遠に。私から謝った方がいいでしょうか？

（あいつん・28歳派遣・女）

能ある鷹は爪隠す。バカのフリして盗みなさい

謝って利用するに決まってるでしょ。バカだねぇ。アナタは。いい女っつーのはね、バカのフリができて、盗むことができる女なのよ。テレビをよく見てごらんなさい。売れてる、人気のある女性タレントはみんな、バカのフリができて、盗むのが上手でしょ。盗むって、楽屋泥棒じゃないわよ。テクよ、テクを盗むのが上手ってことよ。トークテク

よ。返しのうまさよ。別の人がやってたことを、次の日にはもう自分のもんにしちゃうからね。「え？　MCとこんなかけ合い、いつの間にできたの？」と後列から彼女らの後頭部を見ながら驚くこと山の如し！　売れてる女性タレントはみんなすんごい頭いい人なの。でも、バカのフリをするのよ。そして好感度をキープするのよ。それができる女なのよ。

　だからね、アナタ、そのA子の言う洋楽の浅い知識、それに腹立ててる場合じゃないわよ。いただくの。盗むの。洋楽ど素人のA子が語りたくなる、語れるって、その彼氏、相当説明上手ね。内容に間違いはないと見たわ。彼がまずA子に教えたことは、洋楽好きな男がとりあえず、最低限押さえて欲しいワードだったり内容だったりするわけでしょ。それをアナタ、丸暗記しちゃうんですよ。そして、どこかで別の洋楽好きの男と出会ったとき、活用するんですよ。「キミ、洋楽聴く？」「ごめんなさい。あんまり詳しくはないんですよ。あ、でも、何聴かれるんですか？」「〇〇だけど」「あ、〇〇なら××のアルバムだけ知ってます」「え？　いいとこ押さえてんじゃん」

　男はだいたい教えたがりぃです。バカな女のほうが好きです。でも全くの無知、暖簾《のれん》に腕押しな女にものを教えるのは大嫌いです。自分よりバカなんだが聞き上手、最低限の単語を知ってる女が一番モテるんです。まさにA子の語るにわか知識、そのレベルの知識を持った女が男のハートを鷲摑みできるのです。夢のようなテキストをみすみす捨てるバカがどこにいるか！　芸能界の女性タレントのたくましさ、前に出たがるあのガッツを少しは見習え！

本当にね、バカのフリなんですよ。女にとって一番大切なのは。私なんて「勉強大好きです！」とかよく言ってますよ。できないくせに、できる、できるって自分から言っちゃって。愚の骨頂ですよ。クイズ番組出りゃインテリチームなんてくくりで平気な顔して。バカですよ。真のバカですよ。真正バカ。でも「バカ」というポジションを誰も譲ってはくれません。「バカ」の席は人気高し。

ああ、性格が優しいから彼女はインテリという椅子に座るしかなかったんだな、おくゆかしい女性だ、と好意的に解釈してくれる男性はどこかにいないのでしょうか？　ああ抱かれたい。夏。

微乳を受け入れられない

私は貧乳を通り越して「微乳」です。かれこれ31年、私の胸に訪れるはずの成長期を今か今かと待ちぼうけ。まだ来ない。一生微乳という現実がまだ受け入れられません。光浦さんもどちらかというと、微の方ではと思いますが、アドバイスお願いいたします。

（まな板よし子・31歳フリーライター・女）

微乳に自信を持ちなさい。胸は大きさではありません

アナタにひとつ、ブサイク（女）についてお話しします。同じブサイクなら、自分を卑下するブサイクより自信満々のブサイクのほうがモテます。なんで？　と言われても実際そうだから。男の人には理由を聞かず、勝手に考えてみました。暇だったもんで。

私が思うに、男の人は自信がないのでは？　自信満々のブサイクに対して心の中で「お前ブサイクのくせに」とアドバンテージを感じられるから、威張れるから、安心して接するこ

とができるんじゃ？　身の程をわきまえて「ブサイクですいません」と謝られたら、元々自信のない男の人は急に不安になるのでは？　ブサイクを謝ることは「謙虚」ではなく「状況を冷静に見られる目」と解釈し、自分の何かを冷静に分析されるんじゃ、とビビるんじゃないでしょうか。それに、自分のコンプレックスで手一杯で、人のコンプレックスにかまってる余裕がないんじゃないでしょうか？　卵が先か、鶏が先か。余裕がないから何事もうまくゆかず、コンプレックスを増やしているということに気付かずに。男の人は甘えたいんですよ。甘えると威張るって、私はすごく近いところにあると思うんです。どっちもダメな息子がお母さんにすることでしょ？　まず、威張らせてあげる。ナイーブな男の人のために、女は鈍感のフリをしたらいいと思います。ブサイクなのにブサイクに気付いてないフリ。このほうがモテるんじゃないでしょうか？　と私は考えたんです。誰からも誘いがなく、夜、暇だったから。

だからアナタも自信満々の微乳になればいいと思います。そうすれば、べらぼうにモテるはずです！　それに、胸が大きいのは大変よ。「服が似合わないし、サイズが合わないし、太って見えるし、エロいって思われるし、こっちが何もしてないのに、誘ってきたって言われるし……」と、胸の大きい子が嘆いてましたよ。

アナタのお悩みを読んで、そういえば貧乳と微乳は、どっちが小さいんだろう？　って思ったんですね。だって字のイメージだと「貧」のほうが小さくない？　で、正しい意味を知ろうとネットに「微乳」と入れたんですね。びっくりしました。こんなに簡単にエロ画像が見られるなんて！　ＰＣを買って早十数年。初めてエロ画像を見ました。びっくり。微乳というのは、こんなに需要があるんですね～。そして、エロ～い。微乳は十分な武器であることを学びました。アナタ、微乳に自信を持ちなさい。胸は大きさではない。乳首の品性です。

さて、アナタが男性に対して、モテたいから胸の大きさを気にしてるのではなく、ただ、自分の美意識が自分の胸の大きさを許せないのなら、手術をおすすめします。31歳でしょ。勝手にやりなよ。

ハードルを上げられた時

周囲にハードルを上げられてしまった時の対処法を教えてください！　飲み会とかで「こいつの××ネタむっちゃ面白いよ」とか言われても、だいたいそのまま突っ込んでいって自爆してばかりいます。うまい受け身の取り方とかってあるんでしょうか？　百戦錬磨の光浦先生、お願いします！

（なるへそ共和国・24歳フリーター・男）

どんなフリでものっかるとアナタの優しさが伝わります

まず「こいつの××ネタむっちゃ面白いよ」と言われたら、戸惑ったりせず、にやにやせず、すぐに否定しましょう。

アナタ「やめろよ」

友人「なんで」

アナタ「面白くないよ。やめろよ。絶対無理だって。面白くないって」
友人「そんなことないよ。おもしれーよ」
アナタ「そんなわけねーよ。笑うわけねーよ」
友人「んなことねーよ。やれよ」
　神妙な顔で2拍待つ（トン、トン）。
アナタ「（大きな声でネタ）」
　ネタ終わりの顔キープで1拍待つ（トン）。
アナタ「ほらぁ〜」

　私の経験によりますと、「ほらぁ〜」の後に笑いがくるはずです。フリをきちんと積めば、緩急ってんですか？　トン、トン、ハイッみたいなリズムになれば、実際そんなに面白くなくても、バラエティー慣れてる人ならつい笑っちゃう、〝笑わなきゃバトン〟渡された、みたいになって、笑うと思うんですが……。1拍？　んー、「ほらぁ〜」の前は、場によっては2拍もありますが……。
　あ、私は無理ですよ。こういうの。ドキドキしちゃって「ほらぁ〜」の前の間がぐっだぐだになりますし、「ほらぁ〜」が緊張して声裏返ったりしますし。「ほらぁ〜」って言うぞ、言うぞ感もハンパないですから。上手な人のやり方を書いただけです。そもそも私、人から「コイツの××ネタ面白いんだよ」なんてフラれませんもん。

その点、アナタは人からそんな無茶ブリされるんですよ。正直、羨ましいです。いじられキャラってことでしょ？　表現が難しいんですが、期待されないキャラで期待されてる人なんですね。愛されてるんです。いじられるってことは、アナタにいい隙があって、抜けてるってことですから、何かネタをやってスベるということが許されるキャラなんです。スベるもひとつの期待であるんです。だから「ほらぁ〜」が生きるんです。

次から次に何かをフラれ、のっかり、スベり、怒る。誰かが調子こいてこれ以上の世も末なフリをしてものっかってください。のっからないと、「あれ？　コイツ、普通じゃん。下手なフリにはのらないのか」と冷めてしまいます。のっかることでアナタの優しさが伝わります。どんなフリにものってしまうおっちょこちょいさが、ますます愛らしく見え、ますますいじられると思います。

アナタなら上手に対処できると思いますよ。最後の一行「百戦錬磨の光浦先生、お願いします！」て、上手に私へのハードル上げてますもんね。Mそうに見えてのS、今見ている『ぴったんこカン★カン』の安住アナのような方なのかしら？　と思いました。

恋愛を大声で語る39歳の女

39歳独身女です。同じ年の友人が、最近求婚されたお見合い相手を断ったそうで、それから会うたびに恋愛について語られて対応に困ってます。正直うざいです。居酒屋ならまだしも、昼間のカフェで大きな声でsexを語り出す39歳。光浦さんなら、どう対処されますか？　教えて下さい。

（伊良湖畔の大あさり・39歳会社員・女）

他人の恋愛話は泥棒できるチャンスですよ

なぜ、独身のアナタが、結婚まではいかなくても、プロポーズされた話をうざいと片づけるのですか。もったいない。ああ、もったいない。

私は恋愛話は好きなので、ふんふん、と聞きます。きゅんときたり、興奮するようなエッチなところがあったら、克明に想像し、自分の顔をアイコラして、自分の思い出として脳ミソにストックします。儲かった、と思います。こんなによく2人で飲むんだから、いつでも呼び出しに応じてくれるんだから、きっと彼も私のことを好きなんだろうけど、確証が持てず、でも、もう好きという気持ちが抑えられなくて、本当は彼に抱きつきたくて、正直エッチもしたくて、でもこちらから誘って「そんなんじゃない」って言われたらどうしようって思って。まるで気付かないフリしてずっと足が触れてるんだけど、それを彼は気付いてないのかしら、わざとそのままにしてるのかしら、ずっと触れ合ったままなんだけど。触れ合った部分が不自然に熱くて。嫌だったらよけるよね。普通はよけるよね。よし、もう、行こう！　と、思い切って彼の手の上に手を乗せたら、彼が握り返してくれて……。きゅんきゅんくる恋の思い出です。でも、よく考えると、こんな経験したことないです。きっと上手に泥棒した、誰かの思い出なんでしょう。マングローブでいいんです。淡水も海水も、思い出もねつ造も、みんな混じっちゃえばいいんです。

ただ、私は、恋愛話は好きなんですが、大きな声が苦手です。内容より音量が気になります。私は大きな音が嫌いです。ドーンとかバーンとか、花火とかスタートのピストルとか、風船も怖いです。「わぁっ！」って脅かされるのが、心の底から嫌いです。怖いです。サプライズは基本、怖いです。レストランで電気が急に消えて「ハッピーバースデー」も怖いです。幹事の言う「実はっ！　今日っ！」も、マネージャーの「ちょっといいですか？」も怖いし、ディレクターの「ちょっといいですか？」はもっと怖いし、友人からの「聞いたよぉ〜」も怖いです。話は散りましたが、とにかく、大きな声はびっくりするので怖いです。嫌いです。先輩芸人に聞いたことがあります。営業とか、お客さんがワーワーなってて話を聞いてくれないときほど、小さな声で話せと。大きい声に大きい声をかぶせてもダメで、人は、小さい声って聞こうとするんですって。「はい？」って。「はい？」ってやってるうちに、いつのまにやら主導権は移動するんですって。実際やったことあるんですが、本当に静かになるし、集中します。でもそのおかげで、笑いのハードルはグンと高くなりますが。舞台やテレビを見るとわかりますよ。ベテラン、絶対外さない人は、第一声が小さかったりします。

アナタへ。口パクで返事するか、恋愛話泥棒をするか、2本立てで臨んでみてください。

ヒョウ柄化した母

最近、僕のお母さんの格好がヒョウ柄化してきています。髪もいつのまにかパーマを当ててました。お父さんとの夫婦仲は変わりなさそうですが、相変わらずセックスレスだと思います。なぜこのタイミングでヒョウ柄化してしまったのでしょうか？　光浦さんのお考えを聞きたいです。

（まんまるアタマ・18歳学生・男）

現実的な自由を求めた結果、おばさんはヒョウ化します

わかります。私も、歳をとるとなぜかご婦人は服装が攻撃的になるなぁ……とは常々思っていました。ある程度お年を召した方のアニマル化はもちろん、髪にメッシュを入れたり、演歌歌手の方の私服はだいたいロックテイストですしね。

ここではヒョウ柄をレオパードと呼んじゃうような、昨今流行りのオシャレなヒョウ化で

はなく、もはや伝統行事となったおばさんのヒョウ化について考えてみたいと思います。なぜ、ご婦人は歳をとると服装がヒョウ化するのか……。やはり、女性ホルモンの減少ではないでしょうか？　女性ホルモンにも2種類？　あって、ちゃんと書こうとするとボロが出るので、ざっくり行きますと、なんつーの、いわゆるお肌や髪がキレイになって、体つきがふっくら女性らしくなる、というやつ、それがある程度歳をとると減少してゆくんです。女性ホルモンはただでさえデリケートで、ストレスとかでも減少したりするんです。ホルモンバランスが崩れると体調が悪くなったりします。だから本能が、少しでも女性ホルモンを出させようと命令してるんですよ。「もう、ストレス溜めるのやめちゃいな。自由になっちゃえよ」て。だって、今から「若返れ！」って命令しても無理でしょ。だから、ストレスフリーを命令するんですよ。

でも、本当に自由になったりはできません。家庭や仕事を捨てたりなどしたら、逆に新たなストレスに出会いますからね。じゃ、自由って一体なんなんだぁい？　絶対にルールからはみでない反抗、これがストレスフリーなんじゃないかと思うんです。学生時代、大抵の人が経験したでしょう。絶対に学校休まないけど、学校がたるい、と悪態ついたり、学生服をちょっとアレンジしたりするやつ。それって楽しかったじゃないですか。

長ランも短ランもボンタンも長いスカートも、オシャレじゃなかったけど、身につけることで、なんかルールに抵抗してる気がして、一歩自由になった気がして、でも、絶対学校やめなかったし、やめたら超大変だってわかってたからやめたくなかったし。まさにそれを、おばさんたちがやってるのですよ。おばさんなりの自由なんですよ。

　男は狩りをする生き物で、女は木の実拾って家を守る生き物？　女だって狩りがしたかったし、家にいたくなかったんですよ。だから本能が、アニマル柄の中でも、群れを作らず一匹で狩りをするヒョウを選ばせるんです。家庭という枠から出ずに家庭から自由になること、それがヒョウ化だったんです。

　えー、長々やってまいりましたが、ぶっちゃけ女性ホルモン出すには、エロビデオを見るのが実践的だと思います。女性用ＡＶとか。やたらキスシーンが多い、いい作品がいっぱいありますよ。

本当の女子力とは?

飲み屋でよく女子会グループに遭遇するのですが、やたら「私、女子力足りなーい」と、でかい声で言ってるのを耳にします。でも、そう言う女性に限って逆に女子女子してるというか、安っぽいというか、なんかはき違えてる気がします。〝本当の女子力〟とはいったい何なんでしょうか?

(タバスコ・31歳会社員・男)

女子力と言う女に限って女子女子しています

その通り。「女子力」などという単語を使う女に限って、女子女子しています。「女子女子」とは、とにかくいい男を捕まえようと、べちゃっとした、陰でなんかずるいことする、地位、名声に媚びるような女のことを指します。こないだ番組で知ったのですが、合コンでサラダなど取り分ける子がいると「すご〜い。女子力高〜い。うらやまし〜」と大きな声で言って潰すんですってね。はっきりとは言わないけど「この女、全て計算ですよ」てな意味を男に汲《く》み取らせようとするんですってね。怖い。怖すぎる。こんな人らがいるから「女へん」の字が、結構悪い意味のやつが多いのよ。なんで合コンで蹴落とし合いするのかしら？　毎日、傷のなめ合いと妄想だけしている女芸人のほうが仲良くないのにつるむのかしら？　よほど健全です。

本当の女子力ねぇ……。こないだ、ハイミスVS．ヤングママというくくりで番組に出させてもらったんですが、びっくりしました。子供を産むと、女という生き物はこうも強くなるんですね。もうね、醸し出す空気が違う。どっしり。こちらの勝手な想像なんですが、もう、程度の低い誹謗中傷などクソくらえな強さがあるんですね。どんだけ叩かれようが、自分が正しいと思ったことをこの人たちは貫けるんだろうな、てな。この人と一緒にいれば怖くないって思わせる何かがあるんですよ。仕事と子育て両立させるには、いい意味でがさつ、雑なんですよ。だからご飯もザザッとたくさん作って、だから他人の私が盗み食いしようが気にしない気がするんですね。許してくれる？　きっと、佐々木健介さんとこの弟子が北斗さんに抱く思いと一緒です。これも想像です。だから、なんつーの、自分の損得のためじゃなくて、ついでに何かしてくれる感じ、それが女子力だと私は思ったんです。余裕てやつです。必死じゃないやつです。アナタのために、じゃないやつです。

ついでに食べ物をよそってくれたり、ついでにゴミを捨ててくれたり、ついでに飲み物持ってきてくれたり。そういうことです。余裕があるからお花を買ってきたり、余裕があるからお料理したりです。家庭的なことをするのが女子力じゃないです。必死にやったらもう、それは、合コンで他人を蹴落とそうとしている奴らと一緒です。下卑の極み（©ハマカーン）です。

矛盾しているのです。子供を産み、母になるからあの強さと余裕が出てきて、女子力がつくのです。だから、未婚の女性、女子には女子力はないのです。

まとめますと、「女子力とは夢、幻。本当はどこにも存在しないモノ。振り回されるだけバカ」となりますね〜。

ダジャレをやめてほしい

この間、夕ご飯を食べに行った時、弟が「吉野家がいい」と言ったら、お父さんが「よ〜、死のうや」と言いました。私が「しゃぶしゃぶがいい」と言ったら、「え？　ノーパン？」と言いました。私が怒ると、「ダジャレが趣味でしゅみましぇん」と言いました。どうしたらダジャレをやめてくれますか？

（ゆ〜でぃ・12歳学生・女）

ダジャレを言えるお父さんをバカにしてはいけません

そうですね。ダジャレって困りますね。だって、なんて返せばいいかわかりませんもんね。なんとなく「笑ってよぉ〜」てな空気を感じますが、感心することはあっても、実際は笑えませんもんね。ツッコむといっても、「ダジャレかよ！」と言うのも、はたまた元の正しい単語を言うのも、あえて言ってる人に言うことか？　てなりますもんね。

でもね、対応の仕方がわからないからお父さんにダジャレをやめさせるって発想、私は賛成できません。それは、映画や小説を「意味わかんない」と批評家気取りで語ってる人みたいです。自分の感性の鈍さ、理解力のなさを反省することなく、ただ作品を否定するだけの人みたいですよ。「意味わかんない」が無敵のセリフだと信じきっているバカみたいですよ。

ダジャレには、素直に接しましょう。「ほおぉ〜」と、感心でいいと思います。そして、自分も参加すればいいと思います。アナタはお父さんを超えるようなダジャレを作れたことありますか？　ダジャレは脳ミソの言語の部分や、経験の部分が発達してできるものなんですって。脳としては、相当優秀なんですって。なんかで読んだことがあります。アナタ、できないでしょう？　「吉野家」でほら、ダジャレ、言ってごらんなさいよ。ほら。ほら！急いで！　急いで！　超特急でぇ〜……ほらね、難しいでしょ。もう「よ〜、死のうや」しか出てこないでしょ。お父さんのすごさわかった？　自分ができないことができる人間を、どうしてバカにできましょう？　え？　ダジャレ自体がつまんない？　ダジャレから逃げるなっ!!

お父さんにダジャレをやめさせたいなら、ぐうの音も出ない程の素晴らしいダジャレをアナタが言うだけよ。それだけ。自分よりケンカ強い人にケンカふっかけますか？　しないでしょ？　男の人なんて特に序列の生き物だから、見た目怖そうな人には絶対態度変えるでしょ。女子供には道譲らないくせに、そういう人にはすぐ道譲るから。それが男ってもんよ。元ＣＡのお友達が言ってたわ。外国人は荷物を上げるのを手伝ってくれるけど、日本人の男はＣＡがやって当然、みたいな態度をとる人が多いって。特に、年配に多いって。オヤジって奴ね。ダジャレ世代よね。嫌だ。そういう女子供に威張ってる人。そんな奴、二度とダジャレ言えなくなりゃいいんだよ！

なに？　お父さんを悪く言うな？　なによ、ふふっ、お父さんのこと好きなんじゃん。今度ダジャレ言われたらどうすればいいって？　本当はもう、わかってるんじゃないのかい？

（ジャケットを肩に引っかけて去る私）。

無駄な性欲

僕は、仕事相手でも自分の従姉妹でも、10～40代の女性ならすぐに「ヤレる／ヤレない」で見てしまいます。「ヤレる」は「ヤリたい」になって、服の下を想像してしまうんですが、逆に警戒されるのか、これでヤレた例しはありません。この無駄な性欲、どう治めたらいいでしょう？（KYT・34歳デザイナー・男）

「ヤレない」→「ヤレる」への昇格は絶対ありません

治めなくていいと思います。最近の男性は女性を前にしても、なかなか「ヤリたい」と思わないそうです。アナタのような人は、これからの日本の宝になると思います。「ヤレる」と「ヤリたい」がイコールなのは素晴らしいです。「ヤレる」けど「ヤリたくない」の引き出しに入れられた女はかわいそうすぎます。「ヤレる」けど「ヤリたくない」けど、一応「ヤる」。愛のない最低のセックスです。

しかし男の人は、本当に、瞬時に女性を「ヤレる」「ヤレない」の引き出しにふりわけますよね。で、「ヤレない」の引き出しに入れられた女性は、一生、「ヤレる」の引き出しに昇格することはありませんよね。そりゃ元々喋ったこともなくて、長いこと会ってなくて、整形でもされてて、「え？　君、同級生のA子？」なんてパターンなら「ヤレる」に昇格しますが、私調べによると、「ヤレない」からの「ヤレる」昇格は絶対にありません。

なので私は「お前がオレの目の前で裸になったって、なんとも思わねーよ」「ひどーい！」それはこっちのセリフだよ！」と、自称親友、幼なじみたち（何かの弾みでヤッちゃう）のイチャつきが気持ち悪くてしょうがありません。どちらからもヤリたい臭がプンプンしますから。まるで獣のようです。何かの弾みでヤッちゃうのは、元々、特に男性からしたらその女性は「ヤレる」の引き出しに入っているわけで、ちゃんといやらしい目で見ているのだから、なのに「妹にしか見えない」とか言っちゃうのは本当に気持ち悪いです。じゃ、この男は妹をいやらしい目で見れるんだぁ……と私は感じてしまい、獣でも妹には手を出しませんよ、とひとり、腹が立ってしょうがないです。なに似非《えせ》さわやか気取ってんだよ！　と。なぜこんなに私が腹を立てているのかというと、私は昔からテニス部のキャプテンが好きで、さわやかには目がなくて、似非さわやかにもひょいひょい騙されてきたからです。

私調べによると、本当に「ヤレない」の引き出しからの「ヤレる」への昇格はありません。

私はデビュー当時、あり得ない程ブサイクで、人との接し方に少々難がありましたので、当然「ヤレない」の引き出しにしか入れられませんでした。でも人に見られる仕事をし、年を追うごとに私はキレイになりました。正直、世間一般に入ったら、中の中くらいになりました。なのに、誰も私に手を出してきませんから。どれだけ酔おうが、荒れていようが、私に手を出そうとしませんから！　昇格は絶対にないのです！　世間様よぉ。人は先入観に左右されやすいのです。

変な髪型をやめさせたい

私の先輩（40歳女性）は、いつもアリンコの触角のような三つ編みをしていま す。よく旦那さんの家族から冷たくされるそうですが、きっとその髪型のせいだと思います。ゴルフの遼くんといい、かつての貴乃花親方といい、似合ってない変な髪型をやめさせるには、どうしたらいいでしょうか？

（さんだろ・32歳会社員・女）

まずは同じ島に住むこと。そして認めてもらうこと

難しいですねぇ。本人はよかれと思ってしていることですからねぇ。人からとやかく言われると腹が立つのは間違いないでしょう。でも、私は、アナタのように頼まれてもいないのに、使命感にかられ立ちあがる人好きです。「大きなお世話」をする人を応援します。

私は、自分はオシャレだと思っています。が、ある人から言わせると、私はダサいんだそ

うです。でも、そいつ、ただの流行り風のこだわりのない服を、無難な色ばっかり着ているわけですよ。みんなが着てるから、が基準て。そんなセンスのかけらもない奴が私のファッションを否定するなんて、まあ腹が立つわけですよ。「ふざけんな。お前みたいなダセぇ奴が口開くんじゃねぇ」って。そう、自分がオシャレだと認めた人から何か言われるのはいいんですが、認めてない奴からは、何も言われたくないんですよ。認めた人の言葉はアドバイス、認めてない奴の言葉はただの非難に聞こえます。あ、今のこれ、名言じゃないですか？　もう一度言いますね。「認めた人の言葉はアドバイス、認めてない奴の言葉は非難に聞こえる」

でも、オシャレな人なら誰でもいいってわけじゃないんですよね。いくらオシャレでも、自分の好みと全く違う露出度の高い服を着た人から、露出度の高い服をすすめられても、それはそれで聞く耳持てないんです。自分と同じような趣味ってのも大事なんです。わかりますか？　全く違う島の人間がとやかく言っても、これまたケンカを引き起こすだけなんです。

アナタへ。もしもその先輩の、アリンコの触角のような変な三つ編みをやめさせたいなら、まず、アナタが変な三つ編みを始めなきゃ。まず先輩と同じ島に住まなきゃ。それから、ワンランクアップするんです。アリンコから見てオシャレに見える三つ編みをするんです。例えば、バッタの触角とか、蛾の触角とか？　先輩に「あら？　アナタ、素敵な触角してるわね」って言われるようになりましょう。アドバイスは内容じゃないんです。アドバイスできるポジションを手に入れることが大切なんです！

変な触角（でもアリンコよりオシャレ）で先輩に認められるようになったら、本当に触角のせいで旦那の家族から冷たくされているのか、人の家庭にズカズカ入って確かめてみてもいいんじゃないですか？　私が旦那の家族だったら笑います。触角ヘアの嫁の後輩が、もっと触角ヘアだったら。私だったら好きになりますけどね。

広い心を持ちたい

「最低ー」を連発する人を見るたびに、留年が決まった日、事故で入院した日、大切な人と死に別れた日、俺の人生は様々な辛いことがあったけど、お前の人生はこれで最低ですか？　よっぽどぬるい人生なんだね、とイラッときます。どうすればもう少し広い心になれますか？

（同様に「最高ー」も気になります・年齢職業不詳・男）

いい人になりましょうよ。それが一番得をしますよ

考え方ひとつです。「俺にとって屁みたいなことはコイツにとって最低なのか。これからの人生、もっと辛いことがあろうに。コイツ、へたばるだろうな。可哀想に。弱すぎるぜ〜」とサラッと思えば十分です。人を座標軸にせず、自分を軸にしてくださいよ。もっと自己中になってくださいよ。「最低ー」なんて最低な口癖の人間に、なぜアナタが腹を立てるので

すか？　その人のことで時間を使うのですか？　もったいない。かっぱえびせんとかっぱえびせんを擦り合わせて粉にして、それを食べてむせる、そのほうが余程有意義です。ちなみにこれは私の趣味です。

もうね、普通に、いい人になろうよ。私もね、変わろうとしてるんですよ。なんか、特にこの商売、何を言っても叩かれる、真意も冗談も伝わらない。映るだけで不愉快になりましたと怒る人がいるってことにギブりました。もうね、格好悪いと思ってた「いい人」になろうと思ったんですよ。裏だけでなく、表でもいいことを言うのね。今まで、躊躇してたんですね。だって、いいこと言う人って人から好かれるじゃないですか？　人から好かれて一番得するのって自分じゃないですか？　だから、性格のひねくれた私は思ったんですよ。いいこと言う人ってすんげぇ利己主義だなって。得することしかしないんだなって。いいことしか言わない人はずるいって思ったんですよ。

で、自分は考えたんです。私は、褒めるとおだてるの境界線がはっきりしないことは絶対口にしない、と。思ったままを口にしよう、なんならその人のために、誰も口にしない欠点までもはっきり言ってあげよう、と。それが私の世直しだ！　って。そんな生き方を10年以上しますと、どうなるかって……？　敵が増えました。あと、人の長所より短所を見つけるのが上手になりました。う〜〜損っ！　普通に、いい人になればよかった。私も、自分を褒めてくれる人、好きですもん。やっぱり好っきゃねん。

で、私、また考えたんです。人の長所ばっかりを見つけりゃいいんじゃないかと。周りのすごさを見つけると、自分のダメさが浮き彫りになりますよね。そして自分を責めるか、社会を呪うか。でもね、人と比べてたら、現代人ですよ。ストレス社会ですよ。そんなの無視して「大した努力もしてないのにいい人たちに囲まれて、人生、楽だなー」って思うようにしたんです。鼻くそを食べていた時代に戻るんです。変な話、最近、向上心を捨てたら楽しくなりました。エラも小さくなりました。食いしばることをやめたからですね。しばらくこうやって生きてみます。

10年後、仕事あったらいいなぁ。

何でも真に受ける私

「私はゆるいから気にしないで」とか言う人に限って、めちゃめちゃ細かいことにうるさかったり、厳しかったりするような気がします。人の言ってることというのは、当てにならないものなのでしょうか？　それともそのまま受け取ってしまう私が馬鹿なのでしょうか？　アドバイスお願いします。

（ぬーとりあ2号・31歳販売・女）

世間はきっと、表と裏が違う人が好きなんでしょう

私も言葉をそのまま取るほうなので、なかなか、もめますね。人の言葉を信じたいと言いますか、違うこと言ってる人が面倒くさいというか……。あれ、イライラしません？　体調が悪そうな人に「大丈夫？」って訊《き》くと「大丈夫」って言うでしょ。で、大丈夫じゃなかったりするでしょ。周りの人らは優しいから気ぃ遣ったり、飲み物持ってきたり、薬持ってき

たり、なのにまた「大丈夫です。大丈夫です」なんて遠慮するんですよね。なんかもう、「面倒くさい！」って私は思っちゃうんですね。で、そいつが風邪をひいてて咳でもしようものなら、「お前の頑張ってるアピールはいいんだよ。周りの人にうつしたらどうすんだよ！」と思うんですね。

逆に自分が体調悪いとき、私ははっきり言いますね。「今日は熱が38℃あって、お腹をくだしてて、起き上がるのも難儀で、休みたいけど休めないので無理してやってきました」って。そうすると周りの人らは優しいから、気ぃ遣ったり、飲み物持ってきたり、薬持ってきたりするんです。でも私は「家で薬を飲んできたのでいりません」って断ったりするんですね。

気付きました？　言葉が違うだけで、「大丈夫」を連呼する人と全く同じ行動をとっているんです。なのに、世間様は私のことを「人には厳しいくせに自分に甘い、わがままな女だよ」とよく言います。全くおかしな話です。私は「大丈夫」を連呼する人と違って嘘をつかない正直者だし、頑張ってる自分に酔ったりしていません。なのにどうして、私が悪者になるのでしょうか？

世間はきっと、表と裏が違う人が好きなんでしょう。それが世間なので、アナタや私のように言葉をそのまま受け取ろう、受け渡そうとする人間は浮いてしまうんです。世間とうまくやっていきたいなら、表と裏を変えることではないでしょうか。二度手間なコミュニケーションです。ストレスが溜まります。でも、それはまた裏でグチる。吐き出すんです。表で笑顔、裏で鬼。匿名なら金棒持った無敵の鬼。世間に溶け込めます……いかんっ！　なんか、嫌になってきた。もう、怖い。自分で書いてて怖い。やだ。こんなこと書きたくない。ハッピーじゃない。靖子は、本当は、ハッピーなこと書きたいの！　それを読んでもらって「元気が出ました」ってみんなに言われたいの！　青空がキレイだったこと、今日の衣装、今日のご飯、今日の息子（仮）の話とかしたいの！　マジで！

「本当は」と書いた時点で「表」と「裏」ありますね。あたいもけっこう世間ずれしたもんだ。

15歳下の男の子との交際

最近はネットのせいか、歳の差カップルが増えてる気がします。実際に私も15歳下の男の子とネットで知り合って、何回かデートしていくうちに、だんだん恋愛モードに……。ただ、私は結婚を考えないといけない歳だし、彼にはまだ結婚は早過ぎるし、お互い好きだけど交際できないのかと葛藤しています。

（美桜・34歳会社員・女）

年下の彼と付き合いながら結婚相手を探しましょう！

なんで？　なんで？　交際すべきですよ。ずえったいに！　アナタ、いつでも彼氏ができると思ったら大間違いですよ。ここ諦めたら二度とないかも、天涯孤独の可能性だってあるんですよ。あのね、女は35超えたあたりからぐんと疲れやすくなるの。心身ともに。今、若い子といるから、その影響で自分も若くなった気でいるかもしれないけど、ひとりになってごらんなさい。ぐんと老けちゃうから。ため息だって臭い、臭い。そこからヨッコイショって、なかなかですよ。

私もね、35超えたあたりから老いを実感しましたよ。肌だって、跡がつきやすく、とれにくくなるの。靴下のゴムの跡どころじゃないよ。私なんて水玉の柄なら、その水玉の柄の跡もくっきり残るよ。ブラジャーの跡？　フリルまで克明に跡が残りますよ。マスクをはめて出かけると、現場に着いた頃には、猫のヒゲみたいにゴムの跡がほっぺに深々残るの。よくその跡をつけたままテレビに出てるのは、私以外では椿鬼奴さんだけですよ。こんな女を抱きたがるのは、余程の通しかいませんよ。裸になったって、そこらじゅう線だらけで、まるでボディペインティングしてるみたいですもん。

アナタ、来年からこっちの世界に入るんですよ。今が大事、本当に、今が最後の旬だと思って。捕まえた魚は逃がしてはダメ。ノーモア　キャッチ&リリース！　とりあえずその年下の彼と付き合いながら、結婚相手は結婚相手として探す、これが賢明だと思います。年下の彼に失礼？　じゃ、彼に結婚迫りなよ。オーケーなら儲けもん、ノーなら彼も文句言えないでしょ。

それにね、男性ホルモンっつーのは、戦いが好きなの、取り合うことが好きなのね。だからぶっちゃけ、彼氏のいる女のほうが魅力的なのね。男へのテッパンのセリフは「うん……

彼はいるけど……。もう……別れそう……」なんだって。人のものであって人のものでない。人のものだから燃えるし、もうすぐ別れるなら、ちょっと早いだけで別にルールを犯したわけでもないし、と、理性と本能、両方に訴えかけるんだってよ。ね、ずえったい年下の彼と付き合ってたほうが得。

あと知っ得情報、これは年の差カップルの旦那（年下）から聞いた話ね。私なんてオバサンだからと負い目を感じたり、年上だからと過剰なリードとサービスするセックスは萎《な》える、だそうです。「へ〜こんなもん？」てな顔されると、次頑張るぞと燃えるんだそうです。アナタ、年下の気を遣いだしたらダメらしいわよ。「勝手についてくれば？」がいいらしいわよ。だから彼にハッキリ言っていいと思うわ。「アナタとは遊び。結婚相手は別に見つけるわ」って。ずえったいうまくいくから！

私の夢と希望、アナタに預ける！

上司からの誘いメール

会社の上司は既婚者なんですが、いつもしつこく誘いのメールを送ってきます。しかも、既婚者であることをオープンにして誘ってくるので、それに乗ったら「わかってて付き合った」私が悪いことになります。この手の戦法で来る既婚者男を一言で撃退できる良い方法はないでしょうか？

（春は発情期？？・年齢不詳ＯＬ・女）

恋愛は惚れたもん負け。理不尽な勝負なんです

アナタ撃退したいんですか？　だったらシンプルに「付き合えません」でもいいし、「これ以上しつこくするようでしたら、上に報告します」でいいでしょ？　アナタが本当に求めているのは不倫の関係になったとき、「知ってて付き合っただろ」の一言で、完全な上下関係になるのを避けたい、ということではないのですか？　わがままを言った途端に冷たくさ

れるのは勘弁、ということではないのですか?

恋愛とは本当に惚れたもん負けです。「好き」という素晴らしい感情を持ったほうが不利なポジションになるなんて、なんて理不尽な。自分のことも重ね、なんか腹が立ってきました。こっちが恥をかいてばっかりだ! あんまり誘ったら嫌がられるかな、なんて考えに考え抜いて2週間空けてデートに誘ったのに、また普通に断りやがって! 何回断ってんだ! お前そんなに忙しくないだろ! 企業戦士気取ってんのか! あ?……すいません、取り乱しちゃって。

さて、「知ってて付き合ったんだろ?」はなんとかしたいですね。こっちが優位に立ちたいですね。だったら、やっぱ、好きにならないということです。こないだ番組で知ったのですが、女にはDNAを嗅ぎわける能力があるんですって。その能力が鈍ってなければ、遠いDNAを持つ男性の体臭を「いいにおい」と感じ、近いDNAを持つ男性の体臭を「臭い」と感じるんですって。自分と遠いDNAを配合すると、違う免疫力がつき、より強い子が生まれるでしょ? オスは手当たり次第やれば子孫残せるけど、メスは選ばなきゃいけないでしょ? だから女にだけある能力なんですって。娘が高校生くらいになると「お父さん臭〜い」となるでしょ。あれは近いDNAを持ってるから当然のことなんですって。

だから、アナタ、その既婚者男のDNAを調べてもらいなさい。で、アナタと近かったら付き合いなさい。抱かれるたびに「クセぇなぁ、コイツ」と思えれば、本能が拒否をしていれば、そんなに好きにならないはずです。女は抱かれてから、より好きになる生き物です。頭で考えていても、一度抱かれたら、「アナタのために生きたい」と奴隷ポジションを選んでしまうものです。都合のいい女になってしまうものです。が、ＤＮＡが近かったら、いちいち臭いですから、そんなに好きにならないはずです！　遠いＤＮＡ持ってたら退散よ。好きになっちゃうから。近いＤＮＡだったら付き合うのよ。で、骨抜きにしてやんな！

ちなみに、そのＤＮＡ調べるやつ、すごいお値段高いんだそうです。高いお金払って、「クセぇ。クセぇ」と既婚者男に抱かれて、アナタに得はあるのでしょうか？　悩みますね。

露出度高め女性の本心

タンクトップやキャミソール姿の女性も多くなった今日この頃。男性にとっては正直うれしい季節ではあるんですが、知り合いにそういう格好をされると、目のやり場に困ります。素直に胸元をチラチラ見てもいいものなのでしょうか？露出度高め女性の本心を教えてください。
（ドンちゃん・45歳飲食・男）

胸元を見られたいかどうか、それはアナタ次第ですよ

セクハラは人次第ですからね～。肩をポンポンとされるのも、男前にされたら挨拶、ブサイクにされたらセクハラですからね。胸元を見られたい、見られたくないは、人によりけりです。全員に、じゃないです。男前に、自分の好みの男性にだけ見られたいのです。そして、欲情して欲しいのです。

アナタは男前ですか？　職場で女性陣に人気ありますか？　そんなに男前ではないが、ち

ょい乾燥肌の味のある顔、もしくはスタイルのいいサル顔とかで、やたら女性に好かれますか？　だったら見ましょう。で、褒めてあげましょう。「わあ。今日の○○さん、素敵っすね」とか「わぁ。色っぽい。やばっ」とか。そうね、福山雅治さんが言ったら、を想像すればいいと思います。エロいことを言うことで、気さく、性格がいい、腰が低い、などなどいろんなオプションが付いてきますからね、その感じを意識してエロいこと言ってみるといいと思います。

アナタが男前でなかった場合。普通のルックス。そして、女性に好かれるというより、嫌われてはいない、ごく普通の人扱いの場合、うーん……見ちゃっていいと思います。素人に注文するのは難しいとはわかってますが、胸元を見た後、「わお！　セクシ〜。この女性いいな〜。やばっ。つい見とれちゃった。まずい。見つかっちゃった？　てへ」。この一連の心の動きを1秒で表してください。なかなか難しいと思いますが、この後半の自己反省からの照れ笑い、ここがあることで女性はアナタを「可愛い」と思いますから。「あらあら、アタシの魅力に緊張しちゃった？」とお姉様ポジションにすーっと自分から入り、「ごめんなさい。私はアナタの手におえる女じゃないのよ」とすーっとどっか行きますから。気持ちよさげに。うまくいけば、パンツを見られたって、すーっと気持ちよさげにどっか行くこともありますから。

さて、アナタがブサイクだった場合。ブサイクでも性格でカバーできている、女性と仲良く会話できる人なら、見ちゃっていいと思います。見ちゃって派手にリアクションして笑いに持ってゆきましょう。「わっ、セクシー！」「わっ！　ちょーいい！」大きな声で元気よく言ってみましょう。下ネタは隠そうとしただけ、いやらしさが増しますからね。何度も言ってますが「男性の、ほら、あの、ナニが」って言うのが一番気持ち悪いですからね。医学用語だからと「ペニス」と言うのも気持ち悪いです。だからはっきり見て、はっきり元気よく褒めましょう。

さて、アナタがブサイクで、完全に女性に嫌われていると思っている場合……動体視力を鍛えましょう！　誰にも気付かれない「盗み見」を。完全犯罪な「盗み」を。

友達の結婚式が退屈

34歳独身女、彼氏なしです。友達の結婚式に呼ばれても、出費が嵩《かさ》むだけで、祝う気持ちが年々減ってきています。お手紙コーナーではあくびを殺し、二次会は極力行かなくなりました。私の心が小さいのでしょうか？　それとも平均的な独身30代彼氏なし女は、皆さん実はこんな感じですか？

（たまちゃん・34歳会社員・女）

結婚式は祝うのではなく自分が楽しむもんですよ

そうですね。心が小さいというか、どっか悪いんじゃないかしら？　と思います。人間は、喜んでいる人を見ると自分も喜んでしまうミラーなんちゃらってのが脳ミソに備わってるんですってよ。だから、たいていの人が嬉し泣きしてる花嫁さん見ると嬉しくなるんですってよ。本に書いてありましたよ。

私なんか凡人中の凡人であり、女の幸せというものに縁のない人間ですから、まあ結婚式は好物ですね。泣きますね。花嫁に自分の顔をアイコラして、感情移入しまくりますね。だって、私たちは泣くために高い金を払ってるんだよ。なので小粋なパーティーは腹立ちますね。素敵なレストランで気のおけない仲間たちと笑顔のパーティーて。ふざけんじゃない。ベタやれ！　泣かせろ！　金返せ！　てなりますね。引き出物も小洒落たもんじゃなくて、あのベタな、欲しいもんが全く見つからないカタログがいいよね〜。前回は苦肉の策で、いつか使うからって葬式の婦人用黒バッグを注文しましたよ。あんなテンション上がらない宅配は初めてでした。

学生時代、私は結婚式場で給仕のバイトをしていたことがあります。「花嫁から両親へお礼の手紙」のコーナーが一番好きでした。骨太のどう見ても丈夫そうな花嫁も「幼少期、体が弱く、夜中、熱が出た私をお父さんがおぶってお医者さんまで走ってくれましたね」って言うやつね。毎回、仕事の手をちゃんと休め、ちゃんと泣いていたら、社員にすんげぇ怒られクビになりました。社員に怒られたときの涙より、花嫁からのもらい泣きの涙のほうが、やっぱ数段気持ちいいと確認できました。

アナタへ。ちょっと結婚式の捉え方を間違ってるのかなぁ。結婚式は花嫁を祝うものではありませんよ。自分が楽しむもんですよ。ディズニーランド行ったとき、偽善ではなく、なんかいい人になれるでしょ。あれよ。結婚式は感動しぃ屋になるとこなのよ。わからない？　じゃ、下卑《ゲス》いこと言うよ。負の感情の涙じゃなくて、プラスの感情の涙って、爽快感が違うのよ。超気持ちいいの。で、泣いた後の脱力感もまったりと気持ちいいの。うーん……男の人のイメクラに近いのかな？　結婚の世界観を楽しみ、液体を出して気持ちよくなるんです。言葉は悪いが、ほぼ自慰です。自慰するとこなんです。わかった？　だから高い金、払ってんだよ。

後輩の結婚式で、私と同じくらい泣いていたのが、同い年の彼氏もいない女友達でした。やっぱ、「欲求不満の女はよく泣く」って本当なんだな、って思いました。

ストーカーになる人とは？

どういう人がストーカーになってしまうのでしょうか？　友人の彼氏がストーカーになった話を聞いて、事前にその芽がある人を避けられたら、それに越したことはないと思いました。いつもこの連載で、光浦さんの的確なプロファイリング能力に感服しています。どうかご教授お願いします。

（みーちゅん・29歳事務・女）

ストーカーになりにくい人を逆に考えましょう

後にストーカーになる人間ですか？　それは正直わかりません。だって、私もストーカーになる素質を持っているというか……だって、中学生の頃、好きだった先輩を隠れてずっと見てなかったですか？　帰り道もなんとなくついて行きませんでした？　先輩の座ってた椅子の座面に手をのっけて、尻のぬくもりを確認しませんでした？　座面に頬ずりしたら変態ですけど、手はセーフでしょ。なぜなら、キングオブ揺れる、キングオブ多感、中学生だったんですよ！　でも今これやったらストーカーなんでしょう？　ストーカーじゃなくても、セクハラとかになるんでしょう？　もしも今、あの頃のような恋をしてしまったら、家までついてゆかない自信がありません。

　なので今回は、逆の「後にストーカーにならないであろう人」「いい人」プロファイリングを紹介します。

　まずひとり目、飲み会などで、笑えるわけでもなく、ボケとも言いづらいような、強いて言えば「うまいこと？」を言った後、周りが当然のスルー、またはノーリアクション、どうしたらいいかわからず変な空気になったとき、「ここツッコむとこ～」とか「誰かツッコめよ」と言える人。一瞬、うざっ、と思うでしょ？　でもね、私調べによると、こういう人は世話好きの気ぃ遣いが多いです。いい人だからこその過多なサービス精神が自分のお笑いスキルを上回ってしまうため、こういうことになるんだと思います。普通スベってしまったら、その事実を隠そうとするものですが、「ここツッコむとこ～」などと、傷口に塩を塗るようなことをします。いい意味で鈍感で、スベることを怖がったりしていません。昨今よくいる、自分の見られ方ばかりを気にした、自意識の塊に比べたら、とても健康的な精神だと思います。「誰かツッコめよ」と言える人はいい人なはず！

2人目。エイプリルフールに嘘をつける人。エイプリルフールに嘘をつくんですよ。もう、いい人なはずです。まず、勇気がいりますでしょう。いい大人ですよ。幼少期からそんな文化圏に育ってた？ 私は嘘をつくまではできるかもしれませんが、万が一、私の嘘に引っかかった人に「やーい、だまされた。今日はエイプリルフールだよ」なんてセリフ、死んでも言えません。肥大化した自意識が邪魔をするからです。でも、エイプリルフールに嘘をつける人は、NHK的明るさと健全さを兼ね備えた人だと思うんです。ちゃんとしてるんです。真面目なおじさんが積極的に外国人に英語で話しかける、あの明るさみたいな。エイプリルフールに嘘つける人は、ちゃんとした人なはず！

この2点を兼ね備えた人なら、後にストーカーになりにくいと、私は思います。

父の運転をやめさせたい

最近、実家の父親がだいぶヨボヨボになってきたなあと実感したので、「車の運転をもうやめようよ」と言ってみたのですが、プライドに障ったようで逆ギレされ、全く聞き入れてくれそうにありません。どういう言い方をしたら、うまく車の運転をやめてくれるようになるでしょうか？

（ぺぺ子・42歳事務・女）

やめさせるにはプライドを刺激したらいいのでは？

うちも全く一緒です。「危ないから運転やめてくれ」と言ったら、ぼちぼちやめようと自分もしてたくせに、逆にまた乗り出しました。うちは両親どちらもプライドが高く、どちらも決めつけるタイプなので、私が現在、車の免許を取りに教習所へ通っている話をしたら「危ない。アンタは絶対に事故る。事故るタイプだ。昔からやめとけってあれほど言ったのに、親の言いつけを破って、バチが当たって、絶対に事故る」と言ってきました。言霊《ことだま》、言霊！　これはもう、呪いですよ。心の優しい私が、将来、年老いた両親を病院に送り迎えするときに免許がいるだろうと、今、教習所に通っているというのに。

ま、親の立場から言うと、可愛いからこそ、だそうです。昔から長縄に入るのが苦手だった私が、東京のあの高速道路の流れに「はいっ」と、まさに長縄のタイミングですわな、「はいっ」と入れるわけないと言うわけです。確かに。確かに。集団スポーツが大の苦手でした。バスケもバレーもボールは触ったことはほぼないです。バスケで「パスパス！」って勇気を出して初めて言ったとき、飛んできたボールで突き指してからは、もう怖くて「パス」とは言えませんわな。バレーボールんときはボールが飛んでくると「お願いっ！」っつって、すーっと場所を空けるのがうまかったですね〜。……違う！　違う！　違う！　だからと言って、事故る、事故るって、私のやる気と優しさを根こそぎなぎ倒す親は、どうかしてるぜっ！

簡単に言えば、とにかく反対するだけ、ただの天の邪鬼なんです。だから扱いは意外と簡単かもしれません。プライドがやたら高い人間は、世間と自分は違うと、どっかで思いたがってますからね。みんなができることは、当然、自分もできる。しかし、みんなが好んで、もしくはありがたがってやってることは、自分はやらない、です。流行りには飛びつかない、自分は本質を理解してる、と思いたがるはずです。なので、年寄りが車を運転することが流行っているというデマを流せばいいのです。

「今ね、高齢者に車の運転が流行ってるんだって。なんか、運転って目と手と足と同時に使うでしょ、それがアンチエイジングになるんだって。成長ホルモンが分泌されるだかなんだかで、肌がキレイになるって、テレビでやってたよ。歳とった女の人みんな運転してるね。あ、今は男の人も流行ってるか。だからお父さんも運転してんの？」

多分、プライドの高い男の人の嫌いなワード「流行り、アンチエイジング、美肌、女、テレビ、お父さんも」を盛り込んだので、これで運転やめると思いますよ!!

死への疑問への答え方

息子（6歳）に「死んだらどうなる？」と訊かれて、うまく答えられず困ってしまいました。結局「お母さんも死んだことないからわからない」と答えたのですが、息子は納得するわけもなく、おばあちゃんにも訊こうとしだしたので慌てました。光浦さんならどう答えますか？

（みみみ・36歳主婦・女）

「知らん」で諦めさせましょう

それは困った。死んだらどうなる？　もうそこは宗教の領域ですからねぇ、アナタんちがどんな宗教かで、教えることが決まると思うんですが……そんなことじゃないんですよね。子供を納得させて、都合よく、前向きに、いい子に育つように誘導したいんですよね？　うーん……やっぱ、「いい子は天国、悪い子は地獄」。それがいいんじゃないですか？

大人に訊いたら死が何なのかわかると思ってるくらい純粋なんだから、大丈夫でしょう。

あたしゃ子供んとき、子供心に、死については親に訊いてもわからないだろうし、訊いたらまずい空気をちゃんとキャッチしていましたからね。アナタのお子さんは素直ということで、これで大丈夫と思うんですが……。

え？　お子さんは、もう少し大人？　もう少しややこしいほうがお好み？　だったら……。

「死ぬっつーのは、肉体がなくなっちゃって、なーんにもなくなっちゃって、なーんも変わることはなく、死ぬ瞬間の心の持ちようがずーっと続くんだよ。心が、感謝とか喜びとか満足とか楽しいとか、そんな感じが続いたらいいでしょ？　それを天国と呼ぶのかな？　心が、憎いとか腹立つとか悲しいとか、そんなん続いたら嫌でしょう？　それはもう地獄でしょう？　だから、いつも心からニコニコ笑えるように、いつでも楽しいと思える心を持てるように頑張るのが、この世に生きることなんだよ」

どうよ？　なかなかうまいこと言ってません？　えいやっ！　と、ポジティブにまるめこんだでしょ？　ただね、これ、弱点あるのよね。

最近、私、WOWOWで海外ドラマ見てるんですよ。『ザ・フォロイング』。大量殺人鬼に魅了されたフォロワーたちが、殺人鬼に褒められたくて、生きがいを感じたくて殺人を犯すんですね。そうなのよ。人を殺しておいて大満足して死んだりする人が出てくるんですよ。その人はどうなんだ？　ってなりますわな。そんなのは稀かもしれないけど、じゃ、身内を大悪人に殺されて、その仇を討って刺し違えた人の心の持ちようはどうだ？　となると、「満足」と、これからも増えるかもしれない被害者を救ったという「誇り」でいっぱいになるかもね。じゃ、死ぬ瞬間の心の持ちようは天国ゆきですわな。これじゃ人を殺してもいいってなっちゃいますわな。こりゃいかん‼

やっぱさ、死については素直に「知らん」の一点張りでいいでしょう。死の説明を利用して、人心を掌握しようなんて考え方がいかんのですわ。「知らん」で諦めさせましょう。ただ、「じゃ、自分で調べてやる！」なんて、死に興味を持たせないようにね。

好きな人にゲボをかけた

光浦さん、私、今とても凹んでます……。こないだ飲み会があって、私が片思いをしている男子も来たんですが、つい舞い上がって飲みすぎて、彼に思いっきりゲボをかけてしまいました。彼は親切に私を介抱してくれたんですけど、絶対引いてますよね？　この恋、諦めないといけないですか？

（わっしょい・24歳フリーター・女）

私はお見合い中にウンコを漏らしたことがあります

そうですね。諦めたほうがいいですね。ま、普通はナシです。ところで、しました？　その後の謝罪？　後日、菓子折り持参で。最上級の反省ですよ。虎屋の、あの重たい重たい羊《よう》羹《かん》持っていきました？　アナタ、ゲボですよ。身内のだって嫌ですよ。彼はそういう趣味の人じゃないでしょう？　ちゃんとフォローしたならまだ脈はあるかもしれません。が、フォローしてないのなら諦めなさい。

私もね、若い頃、お見合い相手が送ってくれた車の中で、ウンコを漏らしたことがあります。完全に臭っていましたがどうすることもできず、私は謝りもせず、何事もなかったかのように車を降りました。新車で革張りのシートだったのを覚えています。

家に帰って私は凹み倒しました。ああ、神様、なぜ私の好意は裏目裏目に出るのでしょうか？　と。忙しい彼が、仕事の合間を縫って、やっと実現したお見合いでした。車で来た彼が「僕に遠慮せず飲んでください」と言いました。したら、飲むでしょうよ。正直、お腹の調子が悪かったのですが、そんなこと言えませんでしょう？　気ぃ遣いの彼がますます気を遣っちゃうでしょう？　飲みましたよ。冷たい生グレープフルーツハイを。だって、あったかいお酒って、熱燗にしろ、お湯割りにしろ、なんかすげぇ呑んべぇみたいじゃないですか？　生グレープフルーツハイが女としてちょうどいいんですね。甘いお酒はキャラ作りすぎだし、ソフトドリンクは場が冷めるし、生レモンハイでもちょっと飲み慣れてる感でちゃうのね。生グレープフルーツハイがちょうどいいの。ちょっと前の芹那なの。で、握力ない感じで、少々実を残しがちに搾って女子の可愛さ演出！

そんな芹那の話はさておき。ウンコのせいで彼とは疎遠になりました。

そして、時は流れ10年後。ひょんなことからお互いフリーということを知り、またお見合いをすることになりました。マジで！　ご縁ですよ、ご縁。もしや運命の人？　今度は体調万全だったので、7時間近く飲みました。話が弾みました。で……また疎遠になりました。WHY？　なんでだよ！

やっぱね、好きだったら男はコンタクト取ってくるよ。ウンコやゲボは関係ないね（柴田恭兵風）。いろいろ考えた。わかった。ウンコやゲボをかましといて謝りもせず、で、その後凹み、凹んだ自分に酔っている、そんな自意識の塊のような女だから男に好かれないんだよ！　いつもどっかで格好つけてるんだよ。変なプライドが見えるんだよ！

だからさ、私たち、いつか、格好つけずにウンコ漏らしたり、ゲボかけたりできる女になろうよ‼　やるっきゃない！

大学がつまらない

大学がつまらなくて死にそうです。高校までは目の前の受験をがんばればよかったけど、大学に入った途端、自分の将来について考える時間があり過ぎて、気持ちがぐらついて、押しつぶされそうです。大学って何をしたらいいんですか？光浦さんはどういう大学生活を送りましたか？（まっちゃん・19歳大学生・女）

私も大学時代は何もしていませんでした

私は正直、大学は入るのがゴールだったので、腑抜けの仮死状態で過ごしましたね。今思えば、親の金で東京で一人暮らしして、勉強だけしてればいいなんて、贅沢中の贅沢な話なんですが、当時はありがたみも感じなければ、「何してんだろ？」と思いつつ、大学にも行かず、バイトもせず、家にいるだけで、何もしてませんでした。暇すぎて死にそうだ、とは思っていました。

鶯谷の、ラブホと墓場を通り抜け徒歩17分の、エレベーターのない5階建てのビルの5階に住んでいました（純朴な田舎者だったので、これが普通と騙され住んでいました）。クーラーはなく、西日のキツイその部屋は夏は地獄でした。家でよくめまいを起こしていました。でも、クーラーを買うことはせず、4年間、ノンクーラーで過ごしました。なぜなら、お金がなかったからです。仕送りがギリだったからです。バイトが嫌だったからです。私は人と話をするのが苦手すぎて、どんなバイトをやっても1日でクビになりました。「お前なんかクビだ！」とよく言われました。でも、それは売り言葉に買い言葉みたいなもんで、本当に辞めなくてもよかったようですが、そんなに嫌われてる現場に行きたくないでしょ？　狭い田舎の、なんでも筒抜けすぎる、四六時中仲良しでいなければいけない生活が嫌で東京に出てきたのです。嫌なら逃げられるのが東京じゃないですか？　だから、「クビだ！」と言われたら、ああ、この人たちは私のことを嫌っているな、そう思ったので逃げました。時代はバブルがはじけたとはいえバイトはいっぱい、溢れるほどありました。

目を見ずに挨拶するからでしょうか？　鼻づまりみたいな声が変に高いからでしょうか？「なんか腹立つ粒子」が私の体からはびゅんびゅん飛んでいるそうです。なんか腹立つんだそうです。そして、それは、芸能人になった今でも私の体から飛びだしてゆくことがあります。直したくても直せないです。これはもう、体質なのですから、勘弁してください。私は、嘘のような失敗ばかりを繰り返し、そのうち「バイトするくらいなら断食のほうがマシ」となりました。貧乏で、腹ペコで、食のことだけを考える毎日でした。安くてお腹いっぱいになるもの、それだけを求めました。求めすぎたのか？　なぜか1年で15kg太りました。

そして、人力舎のネタ見せに行き、人生が変わりました。

「早い。早い。間ちょうだい！」となるでしょう。でもね、マジで、こんなもん。急に思い立ってネタ見せ行ったんだもん。アナタももう少し、押しつぶされてはいかがでしょうか？　にゅるっと苦肉の策が出てきますよ。もう少し、押しつぶされれば。

息子の色ボケ

高校1年の息子にはクラスメイトの彼女がいて、相当夢中になっているようなのですが、先日、学校から「授業中に彼女を膝の上に乗せている。注意しても直らない」と連絡があり、ちょっと尋常じゃない気がしてきました。息子の色ボケを諭すには、何と言ったらいいのでしょうか？　（花畑ちよこ・39歳主婦・女）

授業中に彼女を膝の上に乗せてる息子さんですか……

それは困りましたね。授業中に彼女を膝に乗せてるなんて、漫画に出てくる番長みたいな息子さんですね。いやいや、それにしても、授業中に膝に乗せちゃうって、すごい。常識ありますか？　常識？　っつーのかな？　何が美しくて、何が醜いっていう、最低限のセンスってあります？

最低限のセンスを持っているなら、お母さん、アナタが常に、旦那さんの膝の上に乗って食事すればいいんですよ。たまに口移しとかね。ねっとりしたやつね。両親のいちゃつく姿を思春期の子供は、普通、気持ち悪がります。食事での口移しなんて、トラウマになること間違いなしです。人のフリ見て我がフリ直すようになるでしょう。しかし、お宅のお子さん、いわゆる普通の、凡人のように感じられません。だって、休み時間ならまだしも、授業中、彼女を膝に乗せてるんですよ。あり得ない。全くあり得ない。両親が食卓で糸引くようなキスをしてるのを見て、キスっていいな、って思っちゃいそうですもんね。

だったら、彼女をどうにかしましょう。高校1年の女の子ですもんね。普通、普通ですよ、授業中彼の膝の上に乗っていて、彼のアソコがでっかくなってきたら、ドン引きしますわな。「ぎゃっ！　何？　気持ち悪いっ！」って。だって、教室ですよ。昼間ですよ。みんないるんですよ。思春期の女子ですよ。よほどの変態素養がない限り、気持ち悪いでしょう。

だから、アナタの息子さんの……いやらしい言い方して申し訳ないですが、アナタの息子さんのムスコさんを活性化してしまえばいいと思うんです。食事に細工をしていきましょう！　精力のつくものばかり食べさせましょう！　やっぱり、わかりやすく、ニンニク、マムシ、なんか動物の角、ペニス系、黒い色の食べ物なぞいいと思います。山芋は元気が出るし、しかも、しら〜っと出しやすいのでいいですよ。あとは、栄養ドリンク。息子さんに運動をさせるのもいいです。筋肉が増えると男性ホルモンも増えますからね。なるだけ悶々とさせて、彼女に触れることに新鮮味を覚えて欲しいので、息子さんの部屋にあるエロ本、DVD、できればパソコンも捨てて欲しいですね。パソコンを捨てるのが厳しいなら、水を故意にこぼし、修理に出してしまいましょう。絶対、勃《た》ちます！

もしも、もしも、「ムスコび～ん」に対して彼女が喜んだら……。阿部定の生まれ変わりにつかまったと思って、諦めましょう。

夏場の冷房への不満

なぜ「寒いんで冷房をとめてくれ」という女性は後を絶たないのでしょうか？　電車も職場も冷房の設定温度が上がってしまい汗ダラダラです。寒いなら着込め！　なぜワンピ姿のお前に合わせないといけないいんだ！　とイライラします。それをもっとフワッと伝えられる良い言い方ってないですかね？

（大助・32歳会社員・男）

寒がる女、暑がる男。両者にとっての適温とは？

私ねぇ、最近思うんですよ。日本も年々暑くなっちゃって、もう、亜熱帯気候だっつーじゃないですか。春と秋なんてあっちゅまに終わるじゃないですか。四季を楽しむ、細やかな感性？　ワビサビっつうんですか？　もうね、無理！　暑いと寒いしかないし、暑いがハンパないんだもん。そこで、気候に合わせて、日本人も変わるべきだと思うんです。気候と生活スタイルが一致していないからアナタのようにイライラ、怒ってる人が増えたと思うんです。怒りの一番やっかいなとこってわかります？　相手は間違ってる、相手、世の中のことを思って、自分はあえて……なんて正義感持っちゃってるとこなんですよ。怒った時点でもうそれは、ダメダメェ!!　受け入れましょうよ。もうね、基本、働かない。これでしょう！

先日、仕事でプーシキン美術館展に行ってきました。そこで、ゴーギャンの絵を見ました。題名『エイアハ・オヒパ（働くなかれ）』です。タヒチの家に、タバコをくゆらす色っぽい男（両性具有とも言われてる）と女がだらーっとしてる画です。素晴らしい！　画も素晴らしいけど、題名！　素晴らしいたらありゃしない！　解説には「タヒチ人にとって空想にふけるのは休息であり、神聖な意味を持つ楽しみでもあった」と書いてありました。働かない、何もしないことは、いいこと、立派なんだ!!　私は一人感銘を受けました。これこそが、将来の日本の歩むべき姿ではないか〜！

日本もね、なんか暑い国のノリにしちゃえばいいんですよ。男は朝から晩までお茶してりゃいいんですよ。常になんかくちゃくちゃ噛んでりゃいいんですよ。暑いからもうね、細かいことなんか気にしなくていいんですよ。子供いっぱい産んで、ジジイもババアも子供も、大家族でなんとかなるさ、できのいい奴が働けばいいさ、でいいんですよ。南国は女が働くじゃないですか。女のほうが寒がりというか、暑いのに少し強いから、だから必然的に働くのかしら？　それでよくね？　カカア天下は平和の象徴です。

アナタへ。会社の温度がまだまだ低すぎるんです。もっと温度を上げなさい。節電にもなるし、女子は喜ぶし、一石二鳥じゃない。女がかろうじて働けて、男の思考回路がとまる、そこが適温です。すれば、アナタも素直に発言できるでしょ。女子社員に向かって「オネェちゃん。暑いよ。クーラーもっと強くしてよぉ～」と。女子社員も素直に答えるでしょう。

「うるせぇバカ。働けよっ」って。

私は大らかでいいと思うんだけどなぁ……。

幸せでいいのか？

「男ができないキャラ」を売りにしていたのですが、彼氏ができてバージンも捨て、満たされた幸せな毎日を送ってます。しかし同時に、なんだか自分から鋭さがなくなって、丸くなってしまったような……。これでいいのか？　って悩むんですが、結婚された女芸人の方達はどう対応してるのでしょうか？

（あまおう・23歳学生・女）

自分のキャラなんて決めないほうがいいですよ

結婚したら、ま、主婦目線の笑いにスイッチするんですかね？　旦那や義理のお母さんのことを面白く愚痴ったりとか？　他人の文句を言うと叩かれる時代ですから、「旦那が抱いてくれない」あたりが無難じゃないでしょうか。結婚したら自然と幸せ感がにじみ出ちゃうから、どっかに不幸感を残しておかないと人は味方してくれませんしね。……ん？　うーん？　果たしてそうか？　うーん……？

私が90年代にボッコボコにされながらお笑いの世界で学んだことは「どっか不幸でないといけない。弱者であるから自由になれる」でした。ブスだ、モテないだ、それは自由に発言するための必須アイテムでした。でも、なんか時代が変わっちゃったから、自由に発言なんてどんな人もできなくなり、ハッピーだ、幸せだ、性格いい、が人から好かれるアイテムになって……でも幸せそうな人になんかあったとき、死ぬ寸前まで叩き倒すし……わからん！わからん！　わからんっ！　幸せそうな人が好かれるのか、不幸そうな人が好かれるのか、何が正解かわからん！

アナタのような素人の、たった23歳の狭い狭い世界でのキャラクターでさえ、そんなに重要なことになってるんですね。怖い！　時代についてゆけない！　私は、本当に時代についてゆけない！　同じことやってて進歩がないって言われてる！　古い、終わったって言われてる！　でも「ブレない」っていう現代の最高の褒め言葉にも当てはまるっちゃあ当てはまる!!

あのね、キャラクターなんて決めないほうがいい。時間に比例して、逃げ出せなくなってゆくから。日々コロコロ変わり、つかみどころのない感じにしといたほうが楽よ。人間はね、引き出しに分けたら安心する生き物なんですよ。人を型にはめたがるんですよ。音楽でも人でも「○○系」とか「××タイプ」ってまとめると、なんか一段下がった気になりますでしょ？　妙に自分が偉くなった気になりますでしょ？　「肉食を自称するハーフモデル系（女）」とか。逆に「草食を自称するハーフモデル系（男）」とか。ちょいバカにしたでしょ？　ブサイクな自分は何も勝てちゃいないのに。「Tシャツにカーディガンにメガネの音楽好き男子タイプ」。何にも悪くないのに、少し下に見たでしょ？　音楽のとこオシャレで市民権を得た何かを入れてごらんなさい。なんか勝った気になるから。だから人は人を引き出しに入れたがるのよ。キャラに押し込めときたいのよ。で、想定外のことをしたとき「引くわぁ～」ってすぐ言って、またキャラに閉じ込めたがるのよ。

アナタへ。キャラなんて、クソですよ。

特別企画

光浦の悩みも聞いてください。

光浦の悩み❶

人を小馬鹿にしたような喋り方をする男性がいまして、本当に腹が立ち、ブチギレてしまいました。仕事関係といえば仕事関係の人なので、後々が面倒なことになりました。人を小馬鹿にするような喋り方をする男と、どうしたら上手く話ができ、奴をぎゃふんと言わせることができるでしょうか？

回答者

有野晋哉（よゐこ／お笑い芸人）

あなたはもう四十路ですよ。それに人は「ぎゃふん」とは言いません。

光浦さん若いですねー。まだまだ若い！　人にキレた話をして「すげー！」って思われたいのでしょ？　それを武勇伝として聞けるのは20代までです。光浦さんもう四十路ですよ。

♪シーソージー〜！　言わばエゴとエゴの♪　ってね。

さ、本題いきますね。何故キレたのですか？　その人を育てようとして、ココがダメ、だからこうしなさいって叱ったのですか？　ただ、その小馬鹿喋りが我慢出来なくてブチギレたのですか？　どっちですか？　後者だと最悪です。自分の気分が悪いからブチギレる。それは30代までです。だってあなた四十路なんだから。

♪シーソージー　世界中の誰もが〜♪

さ、続き書きますね。そもそも「ぎゃふん！」って人は言いますかね？

不治の病に冒された町の嫌われ者は、

「お前が死ぬのは嫌だ、だからこの薬が効くから飲みなさい。」

と言われ、飲み続けます。そして、痩せてきた嫌われ者にあなたは言います。

「実は、お前の飲んでいたのは薬ではない。猿のクソだ。」

「ぎゃふん！」

嫌われ者は言いますかね？

お前の付き合ってる彼女、オカマだって。

「ぎゃふん！」

言いますかね？

「ガム食べる？

あ、猿のクソだったわ」

「ぎゃふん！」

ほらね、人は「ぎゃふん！」って言いません。なので、言わせるのは無理！ だって仕事関係の人で、自分が雇った部下でもないなら、キレてはいけません。でもね、その小馬鹿にした喋りを良く見て、口調？ トーン？ 何が腹が立つ？ この喋りをマネしたら相手はどうする？ など分析してみるべきです。芸能界って面白いもんで、怒った事も泣いた事も仕事場で話してお金になります。なので、金になる木を見つけた！ って楽しんで下さい。だってもしかしたら、

「のちにこの二人、結婚するのであった！」

ってなるかもしれないんですから。そしたら披露宴で僕唄いますね。

♪シッソージ〜 シッソジなさいアナ〜タ〜♪

光浦の悩み❷

いい女とはどういう女なのでしょうか？　私の周りには、私がいいと思う女より、少々劣る女の方が男に幸せにしてもらってるような気がします。いい男はなぜいい女を選ばないいんでしょうか？

回答者

宇多丸（ライムスター／ラッパー）

まず「いい男」を定義し直す必要があるかもしれません。

まず、「いい女」とはなんなのか？　という件。

一般論で言えばそれは、ルックスや立ち振る舞い含め、ぶっちゃけ「主に男性が女性に対して抱きがちなファンタジーを体現している（と言うか、多くの場合〝演じてくれている〟）

人」、ということになるでしょう。

これは逆のケース、「いい男」に関しても然りで、「主に女性が男性に対して抱きがちなファンタジーを（演技であれ）体現している人」、と。

時代によって傾向は変化するにせよ、本質は「異性のツボを突く存在」ということ。早い話が、「モテる女／男」というのを、異性側が若干の美化込みで言い換えたもの、と言っていいんじゃないかと。

その証拠に、基本的に同性側はあまり使わない表現という気がします。それどころか、何せ根っ子が「異性が勝手に抱いたファンタジー」なわけですから、現実を生きている（がゆえに無条件でモテているとは言い難い）同性からすると、むしろ嫌悪感を催しやすい概念だったりもするんじゃないか。

なので、光浦さんが「少々劣る」と評されている方々も、異性からの引きに関してはそれなりに強いようですから、ひょっとしたら男性の目には、どちらかと言うと「いい女」寄りに映っている可能性も、十分ある。

ここで興味深いのは、「男に幸せに〝してもらってる〟」という、やや含みのある言い回しです。

自分で幸せに〝なる〟のではなく、男に幸せに〝してもらう〟……それは極端な言い方をすれば、「旧態依然とした性差別的社会のありように順応した生き方」とも言える。

そして、恐らくですが光浦さんは、そもそもそういう迎合的スタンスを同性として快く思っておらず、だからこそ、その現状内でそこそこ上手くやっている（ように見える）女性を、「少々劣る」と位置づけてらっしゃるんじゃないか。

つまり、少々劣る女「なのに」男に幸せにしてもらってる、という論理の順番ではなくて、実は光浦さんの人物評自体が最初から、男に幸せに〝してもらってる〟女→少々劣る、と断じるような価値判断を含んでいるのではないか、とも思えるのですが、いかがでしょう。

まぁ、そういう女の人たちだって、不公正な世の中を少しでも効率良く生き残っていくために、必要に応じて適応していったまでであって（さしあたっての損得で言えば賢いとも言える）、単純に「劣る」と決めつけてしまっていいのかという疑問はありますが……。

一方、光浦さんがおっしゃる「私がいいと思う女」「いい女」は、明らかにそれとは相反する方向を向いていますよね。

具体的な定義まで書かれていないので正確なところはわかりませんが、前述の「少々劣る女」をめぐる類推に従うなら、当然のごとくそれとは対照的に、多少生き辛《づら》くとも男に幸せに〝してもらう〟人生を良しとしないような、（経済的な意味だけでなく、人間的にも）自立した女性たち、といったあたりがなんとなくイメージされるわけですが……。

言うまでもなくこの「同性目線の評価軸」は、冒頭に述べた「主に男性が女性に対して抱きがちなファンタジー」とはまったくの別物。どころか、時として真っ向から対立する価値観でさえある！

なので、最後の「いい男はなぜいい女を選ばないんでしょうか？」という問いにひとまず直接的な答えを用意しておくなら、ミもフタもない結論ですが、以下のようにならざるを得ない。すなわち、「女性が考えるような――男たちの幻想に奉仕するための存在ではない――『いい女』像を、男性側は今のところ望んでないから」。ズコーッ！


ただ、こういう「異性が勝手に抱いたファンタジー」に対する不満って、男の方にも普通にあったりするものですからね。

僕自身、たとえば女性たちが十年一日のごとく「引っ張ってってくれる人が好き～」などと言っているのを耳にするにつけ、内心「家畜か！」と舌打ちしたくなるのを禁じ得なかったりする。ちょうど女の人が「男ってどうしてああいう女が好きなんだろ？」とイライラするのと同じように……。

ひとつはっきりしているのは、「こいつ、トンチンカンな男選びしてんな～」と思った瞬間、僕にとってその人は、少なくとも「いい女」候補ではなくなるだろう、ということ。

それと同じく、光浦さんが考える「いい女」ではなく、性懲りもなく「少々劣る女」を(恐らくはもっぱらしょーもない幻想を満たすために)選び続ける男というのは、その時点でもう、光浦さんにとって「いい男」とは言えないはずじゃないですか？　なんなら、それこそ「少々劣る男」と切って捨てていいくらい。

つまり、「いい男がいい女を選ばないのはなぜか」と嘆く、その問いの立て方がそもそも間違っているのです。今後は、「女から見て、女を正しく選べる男」をこそ、改めて女性側の「いい男」の定義としてゆくべきなのではないでしょうか。

光浦の悩み❸

感性や感受性、そんなのを鍛える方法はありますか？　これは芸能界での贅沢病にかかってしまったのか、普通に生活していてケラケラ笑うことが少なくなってしまいました。強い刺激に慣れてしまったのかも？　どうしましょう？

回答者

西加奈子（作家）

静かな日常で培われるものもあると思います。

私は数少ないテレビ出演で、光浦さんや、他の芸人さんたちとご一緒したことがあります。光浦さん含め、トップオブトップな皆さんのプロフェッショナルぶりに痺れたし、あなた方の面白さたるや殺人級で、腹筋破壊されるかもって本気で思いました。光浦さんは毎日あんな世界にいるんだ、それはどんなお気持ちだろうと、確かにあのとき思いました。

光浦さん、あなた含め、あんなにも面白い人たちはいないし、あんなにも面白い人たちが一堂に会することもありません。つまり日常では、あんなに笑うことはありません。光浦さんは、すごい世界にいるのよ！　それも最前線に！　まずそれは、本当に本当に特別なことです。ものすごいことです。

でも、笑うことだけが人生のすべてではないとも、私は思います。

笑うことはもちろんとても素敵だし、人生には絶対に絶対に必要なことだけど、でも、それがすべてではないと思うのです。

日常に刺激がないということは、それは穏やかということです。もし日常ですら常にあのように笑える状態であったなら、とても疲れてしまうのではないでしょうか。

だから笑わない日常、それもいいと思います。

役割分担、というわけではないけれど、笑わない時間があるから笑う時間が尊いのだし、笑う時間があるから、笑わない時間が尊いのではないかしら。

あと、笑わない＝面白くない、ではないとも思うの。笑わなくても、静かに感動することはあるし（例えば美術館で爆笑ってあんまりないですよね？　でも、面白くない！　っていうのとは違うよね？）、光浦さんは素晴らしいセンスをお持ちで、手芸なんてもう、本当に、本当に素敵でしょう？　手芸しながら爆笑することは出来ないかもしれないけれど、でも、爆笑では得られない穏やかな時間を得られるのも、真実だと思います。

光浦さんの感性はすでにとんでもなく鋭敏で、とんでもなく素敵！　そしてそれは、静かな日常で培われているのだと思います。ひたひたとパワーをためてゆく時間、なのではないでしょうか。

だからどうか、日常は静かにお過ごしください。

あなたの仕事はとんでもなくパワーを要することなんです。現場で思う存分笑い、そして日常ではひたひたと素敵なパワーをためてください。

大笑いしている光浦さんや、めちゃくちゃ面白い光浦さんも大好きだけど、普段お会いする、素敵な感性をお持ちの、静かに優しい光浦さんも、私は大好きなんです。

光浦の悩み❹

日本人で恋人を探すのは無理だと思うようになりました。外国人なら、私の良さを分かってくれるんじゃないか、私をお姫様扱いしてくれるんじゃないか？　と真面目に考えております。間違ってますか？

回答者
野沢直子（お笑い芸人）

自分を好きそうな男を見つける嗅覚を養って。

全然、間違ってないっすね。むしろ、さっさと外国畑に来ればいいのに、くらいなこと思っていました。だって、おみつ（光浦さんのことです）、ぜ――ったい外国人にモテそうだもん。めっちゃ濃い顔の欧米人と、薄顔の東洋人のカップルはいやと言うほど見る。米国じゃ、日本や自分の国ではいわゆるブスとされていそうな女子だって、欧米人イケメン連れてどや顔で歩いているし。私もだんなとの新婚当初は、いちゃいちゃしながらどや顔で歩いてたしね。あ、これじゃまるで、私とおみつが自分の国じゃブスって言ってるみたいか。違う、違う。そうじゃないのおおおお。

私、おみつ改造計画を勝手に考えました！

まずは、これを声を大にして言いたい。おみつ、本当は日本でもモテると思うの。なのに、おみつ、自信なさ過ぎ。たぶん、フェロモン系が好きそうなノーマルタイプな男ばっかしに目を向けてて総スカンみたいな結果を招き、自信を失くすばっかりで、ますます臆病になってるんじゃないかと思う。もったいない！

そんなノーマル男を狙わず、鋭い嗅覚を養って、自分を好きそうなアブノーマルなマニアック男を探してもらいたいのよ。普通の感覚の男じゃだめよ。たとえばそう……刑務所帰りとか、更正したばかりの中毒患者とか？　マニアック受け狙ってよ。絶対、その辺にモテるはずなの。私が保証する。

とにかくは、その自分を好きそうな男を嗅ぎ分ける嗅覚を養うためにまず、その自信のなさを解消してもらいたいわけ。で、そこで利用してもらいたいのが外国人。仕事を調整して半年とか一年とか外国住んで、外国人入れ食いして（下品）、自信つけてよ。おみつ、外国人には間違いなくモテるわよ。入れ食い生活できると思うわ。え？　レギュラー？「めちゃイケ」も、現地レポーターで中継だけ出ればいいじゃない。服部真湖よ、服部真湖（古い）。で、その一年間の入れ食い生活で自信をつけたら、自分を好きそうな男を嗅ぎ分ける嗅覚が自然に備わるはず。そこで帰国して、日本で日本人男をゲット！

これで、どう？？？

光浦の悩み❺

沖縄人に悪い人はいない、そう信じています。近い将来、沖縄に住みたいし、沖縄に住めば全てがうまくいく、そう思っています。私のなかのガンダーラになってしまいました。実際、沖縄人の真栄田君の意見を聞かせて下さい。

回答者
真栄田賢（スリムクラブ／お笑い芸人）

さぁ、おいで沖縄に。めんそーれ光浦さん。

光浦さん、まずはじめに、沖縄に悪い人はいないというお話ですが、沖縄にも悪人はいます。その理由としては、そこに、宇宙の8対2の法則が働いているからです。10匹のアリが仕事をすると、2匹怠けるヤツが出てくるとかいうやつです。悪人第一に、僕の相方の内間がいます。あいつは大学生の頃、車検の切れた車を、那覇市にある広大な墓地に捨てようとした男です（友人の説得により未遂に終わりました）。ですから、光浦さんが沖縄に住んで、善人と出会うのは確率の問題です。ただその確率は、ドラクエXの福引き処で、特等のスライムハウスを引くよりは、高いでしょう。次に、沖縄に住むと全てがうまくいくと思っているお話ですが、そうはいきません。沖縄に住んでいるウチのお袋は、20代で家が火事になり、40代で自己破産をし、50代でわき毛を剃り間違え、わきがかぶれました。そこから考えると、沖縄は、『北斗の拳』の修羅の国より、厳しい環境だと言えます。しかし、良いところも、もちろんあります。天ぷらのころもが、異様に厚いところです。その厚さから、天つゆにつけると、しみに、しみに、しみて、脱水する前のエドウインのジーパンぐらい水分を含みます。結果、ご飯がすすみ、さわやか健康家族です。

さらに良いところをあげると、よく言われていることですが、本当に、のんびりしていて、時間がゆっくりと流れています。今、光浦さんが住まわれている東京に比べると、一日の時間は3〜4倍ゆっくりです。ですから、現在76歳の内間のお袋は、東京年齢でいうと230歳以上になります。光浦さん、この話を聞いてわかったでしょう。東京で、生き馬の目をなんちゃらの状態で、頑張って、頑張って、「めちゃイケ」とかいうお化け番組で何年も何年も必死にやってきたあなたには、今、沖縄が必要なのです。さぁ、おいで。沖縄に。めんそーれ光浦さん。何も心配はいらない。あなたの心が寒い時には、厚い天ぷらのころもで包んであげるし、あなたが疲れた時は、チョコラＢＢプラスを那覇の大天堂薬局で買えばいい。最後になりますが、光浦さん、愛してます。いつもあなたの一生懸命な姿をＴＶで観て「よし、今日も、三田製麺所の、つけ麺大盛りでいくぞ」という気持ちになります。ありがとう光浦さん。いつも私の故郷、沖縄を好きでいてくれてありがとう。

大阪の営業で、びっくりするぐらいスベった後の、なかなかいいホテルをとってもらった気まずさの心境より。

おわりに

何年同じようなこと言ってんだ！　そう思ったでしょ？　私も思いましたよ。でもさ、悩みが同じようなもんだから、かぶったってしょうがないでしょうよ。何年経っても成長してない？　私が？　ブレてない、こう捉えて欲しいです。そう、開き直る強さは身につけました。これもひとつの成長と捉えていただけたら、これ幸いです。

本書は『ＴＶＢｒｏｓ.』（東京ニュース通信社）に連載中の「脈アリ？脈ナシ？傷なめクラブ」（二〇一〇年一月〜二〇一三年九月）から抜粋し、加筆・修正した文庫オリジナルです。

幻冬舎文庫

●好評既刊

傷なめクラブ

光浦靖子

潔癖症の男子高校生、男友達の作り方がわからない女子中学生、名前を改名したい24歳のＯＬ……。くよくよ悩む相談者を皮肉り、鋭い回答を突き返す。爆笑と共感のお悩み相談エッセイ。

●好評既刊

不細工な友情

光浦靖子
大久保佳代子

幼なじみで、相方で、かつては恋敵だった女芸人ふたり。嫌いなはずなのに、話さずにはいられない胸のうち。恋、仕事、家族、別れ……について語り合う、笑えて切ないセキララ往復エッセイ。

●最新刊

饒舌な肉体

生方　澪

来年五十歳になる浩人は、すらりと背が高く、十歳以上若く見えるいわゆるイケメンだ。妻子がいることを隠さないけれど、とにかくモテる。しかし、彼の〝秘密〟の女性がある日――。官能連作。

●最新刊

たそがれビール

小川　糸

パリ、ベルリン、マラケシュと旅先でお気に入りのカフェを見つけては、手紙を書いたり、本を読んだり、あの人のことを思ったり。当たり前のことを丁寧にする幸せを綴った大人気日記エッセイ。

●最新刊

傷口から人生。

メンヘラが就活して失敗したら生きるのが面白くなった

小野美由紀

過剰すぎる母、自傷、パニック障害、女もこじらせ気味……就活失敗でスペインの巡礼路へ旅立った問題てんこもり女子は、再生できるのか？　生きる勇気が湧いてくる、衝撃と希望の人生格闘記。

幻冬舎文庫

●最新刊
ときめかない日記
能町みね子

誰ともつきあわず26歳になってしまっためい子は親友の同棲や母親からのお見合い話に焦りだして……。26歳(処女)、するべきことってセックスなの？　ヒリヒリ感に共鳴女子続出の異色マンガ。

●最新刊
毎日がおひとりさま。
ゆるゆる独身三十路ライフ
フカザワナオコ

彼氏なし、貯金なしの独身著者の日常は、毎夜、金魚相手に晩酌し、辛い時には妄想彼氏がご登場！　それでも笑って楽しく生きてます。おひとりさまの毎日を赤裸々に描いたコミックエッセイ。

●最新刊
標的
福田和代

元プロボクサーの最上は、ある警備会社にスカウトされる。顧客は、警察には頼れない、訳ありの政治家や実業家ばかり。なぜ、彼らは命を狙われているのか。爽快感溢れる長編ミステリー。

●最新刊
すーちゃんの恋
益田ミリ

カフェを辞めたすーちゃん37歳の転職先は保育園。結婚どころか彼氏もいないすーちゃんにある日訪れた久々の胸の「ときめき」。これは恋？　すーちゃん、どうする!?　共感のベストセラー漫画。

●最新刊
おでんの汁にウツを沈めて
44歳恐る恐るコンビニ店員デビュー
和田静香

虚弱体質ライターが40代半ばでコンビニ店員デビュー。百戦錬磨のマダム店長らに囲まれ恐怖のレジ特訓、品出しパニック、クレーマー……懸命に働き、初めて気づいた人生の尊さを描くエッセイ。

お前《まえ》より私《わたし》のほうが繊細《せんさい》だぞ！

光浦《みつうら》靖子《やすこ》

平成27年2月10日　初版発行
令和4年7月25日　4版発行

発行人―――石原正康
編集人―――永島賞二
発行所―――株式会社幻冬舎
〒151-0051東京都渋谷区千駄ヶ谷4-9-7
電話　03(5411)6222(営業)
　　　03(5411)6211(編集)
公式HP　https://www.gentosha.co.jp/
印刷・製本―株式会社　光邦
装丁者―――高橋雅之

幻冬舎文庫

ISBN978-4-344-42315-2　C0195　み-13-3

この本に関するご意見・ご感想は、下記アンケートフォームからお寄せください。
https://www.gentosha.co.jp/e/